1週間で

日商 **3** 簿記 級の

合格力が急上昇する

模擬問題集

山田裕基 著

インプレス

はじめに

本書は、日商簿記検定3級試験を受験される方のための模擬試験問題集です。

簿記の世界では、日々起こることを帳簿に記録しながら、その結果を1年の終わりにまとめ上げ、集大成として財務諸表を作成します。つまり、仕訳→総勘定元帳の作成→財務諸表の作成というサイクルを繰り返していることになります。

そのため、実際の試験では、

第1問：日々の様々な仕訳を理解できているか？

第2問：帳簿には様々なものがあり、その役割や記帳方法を理解できているか？

第3問：決算の手続や損益計算書や貸借対照表（財務諸表）の作成プロセスをきちんと理解できているのか？

ということを聞いてきます。

また試験には60分の制限時間と、70点の合格最低点があり、限られた時間の中で能率よく解くことが必要です。

教室では「第1問→第2問→第3問と解くと合格しない」とよく言うのですが、そのための効果的な問題の解き方や試験会場で配布されるメモ用紙（下書き用紙）の使い方を本書の中で提示しました。

本書を手にされた皆様の1日も早い合格を願ってやみません。

山田裕基

まずは試験の姿を知って対策を立てよう

何か試験を受けようというとき、まずは相手（試験）の姿を知ったうえで対策を立てるとよいです。

❶ 日商簿記3級とは

簿記とは、企業の経営活動を記録して、経営成績と財政状況を明らかにする技能です。この技能のレベルを測るのが、日商簿記検定試験です。

日商簿記3級では、小規模の株式会社の経理について出題されます。

例えば、「ネット上で商品売買を行うECサイトの運営会社で、まだ立ち上げたばかりの株式会社」、というのが簿記3級での出題イメージです。

従来の紙を用いた試験に加えて、ネット試験（CBT試験）があります。ネット試験は自宅ではなく試験会場で行われます。

❷ 合格ラインと時間配分

日商簿記3級の合格ラインは70点以上です。合格だけを目指すのであれば、満点をとる必要はありません。ただ、2級や1級の上位資格を目指すのであれば、できれば満点近くの得点を目指しましょう。

また60分の制限時間もあります。このため、問題の出題形式を知って、問題を解く順番も注意しながら解く必要があります。

試験科目	試験時間	合格基準
商業簿記	60分	70点以上

③ 出題内容と配点

簿記3級は3つの問題が出題されます。出題内容や配点は次のとおりです。

	出題内容	コメント	配点
第1問	仕訳問題	15題出題されます。 期中取引の仕訳のほか、決算修正仕訳や再振替仕訳など広範囲にわたります。 証憑からの仕訳など、実務を意識したものもあります。	45点
第2問	補助簿記入 勘定記入 伝票会計 その他	小問が2問出題されます。 勘定記入問題では、逆進推定問題なども多いです。	20点
第3問	決算に関する問題	決算整理仕訳がカギになります。 財務諸表作成問題、精算表作成問題、決算整理後残高試算表作成問題の3つに大別されます。	35点

試験対策上、配点は重要です。例えば、第1問または第2問に15分かけるとして、第1問を解けば45点が得られますが、第2問では20点にしかなりません。

また60分の制限時間もあります。そのため何も考えずに第1問から順番に解き、第3問で終わるというようにすると、制限時間内にすべて解けずに惜しい結果に終わってしまった、ということになりかねません。

それではどんな順番で解けばいいのでしょうか。次ページで詳しく説明します。

試験は第1問→第3問→第2問の順に解け！

試験の制限時間は60分で、合格最低基準は70点です。まず、効率よく合格するための得点計画は、次のとおりです。

[得点計画]

	目標得点	コメント
第1問	36点/45点	15題中12題の正解を目指す。8割主義で。
第2問	10点/20点	2問のうち1問を確保する。1問は残り時間次第で捨てることも。
第3問	35点/35点	ここはしっかりと解き、満点を目指す。

著者は職業訓練校で指導する際、配点の多い順に、第1問の後には第3問、最後に第2問を解くことを推奨しています。解答順序と時間配分は、次のようになります。順に説明します。

[当日の解答順序・時間配分]

	解答順序	時間配分
第1問	①	20分
第3問	②	25分
第2問	③	15分

第 1 問　解答順 1 番目

試験で、真っ先に取りかかり、解答すべきはこの第 1 問です。

期中取引・決算振替記入・再振替記入までかなり広範囲にわたります。そのため完璧を期すことは難しいと考えましょう。ここでは 15 題中 12 題の正解を目指してください。

試験対策では、「実際に出題されているところ」を中心に効率よく学習することも大切です。過去の頻出論点をまとめていますので、「第 1 問対策」をご覧ください。

第 3 問　解答順 2 番目

第 1 問のあと、解きます。
第 3 問は満点を目指したいところです。決算に関する問題には、財務諸表作成・精算表作成・決算整理後残高試算表がありますが、決算整理仕訳が上記の 3 つに共通するポイントになります。「第 3 問対策」によく出ている決算整理仕訳をまとめていますので、参考にしてください。

第 2 問　解答順 3 番目

試験での解答順序は最後にします。
第 2 問は補助簿の記入、勘定記入、伝票会計等から出題されます。また範囲が広いのも特徴です。しかして配点が 20 点と低いため、場合によっては 2 問のうち 1 問は捨てましょう。
なお、効率よく対策ができるように、「第 2 問対策」に頻出論点の対策方法を書いています。参考にしてください。

本書の特徴

❶ 各問別にどのような問題が出るのか、最低限チェックすべき基本問題を入れて確認できるようにしました。

❷ 本書内には模擬試験が3回分含まれます。この他に無料ダウンロードできるように1回分の模擬試験を用意しています（P.231参照）。

❸ スマホなどを利用して学習できる仕訳アプリ（無料）を公開しています（P.231参照）。移動時間にご活用ください。

❹ 本書では、試験会場で配布されるメモ用紙上に記述するべき最適な解法の手順や図式化を、具体的に解説してあります。

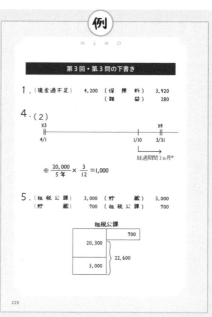

もくじ

はじめに ・・・・・・・・・・・・・・・・・・・・・・・・・・・・・・・・・・・・・・・ 002

まずは試験の姿を知って対策を立てよう ・・・・・・・・・・・ 003

試験制度の新旧比較 ・・・・・・・・・・・・・・・・・・・・・・・・・・・・ 005

本書の特徴 ・・・・・・・・・・・・・・・・・・・・・・・・・・・・・・・・・・・ 006

試験は第 1 問→第 3 問→第 2 問の順に解け！ ・・・・・・・・ 007

本書は 1 週間で学べるように作られています ・・・・・・・・ 088

各問別の基本問題攻略

第 1 問対策 ・・・・・・・・・・・・・・・・・・・・・・・・・・・・・・・・・・ 012

第 2 問対策 ・・・・・・・・・・・・・・・・・・・・・・・・・・・・・・・・・・ 031

第 3 問対策 ・・・・・・・・・・・・・・・・・・・・・・・・・・・・・・・・・・ 040

第 1 問対策のページ 解答・解説 ・・・・・・・・・・・・・ 052

第 2 問対策のページ 解答・解説 ・・・・・・・・・・・・・ 063

第 3 問対策のページ 解答・解説 ・・・・・・・・・・・・・ 071

第 1 部

日商簿記模擬試験問題集

模擬試験 第 1 回 第 1 問 ・・・・・・・・・・・・・・・・・・・ 090

模擬試験 第 1 回 第 2 問 ・・・・・・・・・・・・・・・・・・・ 100

模擬試験 第 1 回 第 3 問 ・・・・・・・・・・・・・・・・・・・ 104

模擬試験 第 2 回 第 1 問 ・・・・・・・・・・・・・・・・・・・ 106

模擬試験 第 2 回 第 2 問 ・・・・・・・・・・・・・・・・・・・ 116

模擬試験 第 2 回 第 3 問 ・・・・・・・・・・・・・・・・・・・ 120

第 2 部

模擬試験 第 3 回 第 1 問 ・・・・・・・・・・・・・・・・・・・・124
模擬試験 第 3 回 第 2 問 ・・・・・・・・・・・・・・・・・・・・134
模擬試験 第 3 回 第 3 問 ・・・・・・・・・・・・・・・・・・・・140

模擬試験 第 1 回 第 1 問 解答・解説 ・・・・・・・・・・144
模擬試験 第 1 回 第 2 問 解答・解説 ・・・・・・・・・・155
模擬試験 第 1 回 第 3 問 解答・解説 ・・・・・・・・・・162

模擬試験 第 2 回 第 1 問 解答・解説 ・・・・・・・・・・172
模擬試験 第 2 回 第 2 問 解答・解説 ・・・・・・・・・・183
模擬試験 第 2 回 第 3 問 解答・解説 ・・・・・・・・・・191

模擬試験 第 3 回 第 1 問 解答・解説 ・・・・・・・・・・202
模擬試験 第 3 回 第 2 問 解答・解説 ・・・・・・・・・・216
模擬試験 第 3 回 第 3 問 解答・解説 ・・・・・・・・・・222

第 2 部

「メモ用紙」を使っての解法のページ

・・・・・・・・・・ 142,153,160,170,181,189,200,214,220

第1部

各問別の
基本問題攻略

まずは基本レベルの
確認から！

常に80%の正解を
目指す！

第1問対策

1 第1問の出題内容

ランク付け
A＝重要度・出題率100
B＝重要度・出題率80
C＝重要度・出題率60

簿記3級第1問では、仕訳問題が15題出題されます。

	過去の出題	内容など	重要度
第1問	商 品 売 買	返品	B
		諸掛り	A
		前払金と前受金	A
		クレジット売掛金＊	C
	現 金・銀行 預 金	現金過不足	C
		複数の預金口座	C
	債 権・債 務	貸付金と借入金	A
		手形	A
		電子記録債権債務＊	C
		未収入金と未払金	B
		立替金と預り金	A
		受取商品券	C
		仮払金と仮受金	B
	固 定 資 産	購入	A
		売却	B
		改良と修繕＊	C
	経 費	租税公課	A
		通信費	
		旅費交通費	
		給料の支払い	
	資 本	株式発行	C
		剰余金の配当と処分＊	
	会 社 の 税 金	消費税の処理＊	C
		法人税の処理＊	
	貸倒れの処理	－	B
	決算振替仕訳	－	C
	再 振 替 仕 訳	－	C

※1 過去の出題実績に内容面の重要度を加味して、ランク付けをしています。
※2 ＊印は出題頻度は高くありませんが、今後、出題頻度の高まりが予想されます。

② 第 1 問の配点と目標点数

第 1 問で出題される仕訳問題は 15 題で、各 3 点（合計 45 点）の配点となっています。

第 1 問は出題が幅広く多岐にわたるため、パーフェクトを目指すのは困難です。そのため、80％（36 点 /45 点）の正解を目指しましょう。

> 配　　点：15 題　×　3 点　＝　45 点
> 目標得点：12 題　×　3 点　＝　36 点

③ 第 1 問を解くポイント〈その 1〉

1. 問題文をいくつかに区切って解く

問題文を文節ごとに区切り、先頭から・分かるところから仕訳します。

次ページの「問題」の例のように／を記入して区切りましょう。

2. 2 つの要素に分けて仕訳する

次ページの「問題」のように、商品の仕入取引の仕訳と運賃支払いの仕訳に分けて考えます。

3. 勘定科目の配列

勘定科目の配列は順不同です。

> ①第 1 問にかけられるのは最大 20 分
>
> ②問題文は 2 回読まないこと
>
> ③そのため、問題文の先頭から仕訳する

青森商店より商品￥1,000を仕入れ❶、／発注時に支払った手付金￥300を差し引かれた❷。／残額は掛けとした❸。／なお、引取運賃￥100は現金で支払った❹。

先頭から仕訳する 🐻

❶ 仕入勘定の借方に￥1,000（引取運賃はいったん忘れましょう）

	借方科目	金　額	貸方科目	金　額
(1)	仕　　　　入 ❶	1,000		

❷ 前払金勘定の貸方に￥300

	借方科目	金　額	貸方科目	金　額
(1)	仕　　　　入	1,000	前　払　金 ❷	300

❸ 代金の差額は買掛金

	借方科目	金　額	貸方科目	金　額
(1)	仕　　　　入	1,000	前　払　金	300
			買　掛　金 ❸	700

❹ 引取運賃￥100を仕訳する

	借方科目	金　額	貸方科目	金　額
(1)	仕　　　　入 ❶	1,000	前　払　金 ❷	300
			買　掛　金 ❸	700
	❹仕　　　　入	100	現　　　金	100

（注）解答欄記入の際に仕入勘定は￥1,100とまとめて記入する。

4　第1問を解くポイント〈その2〉

第1問では証憑から仕訳する問題が出題されます。

> 次の証憑から取引を仕訳しなさい。
>
> （1）東京商事株式会社は、商品を仕入れ、／代金は後日支払う^(注)こと
> とした。／なお、品物とともに、以下の納品書を受け取っている。また
> 消費税については、税抜き方式によること。（以下略）

（注）ここでは未払金勘定ではなく、買掛金勘定を用います。

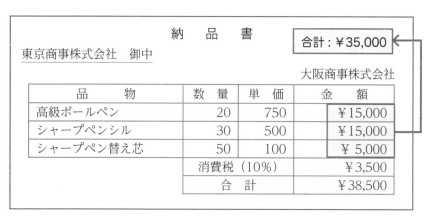

❶　問題文の　　　　　部分に注意しながら、勘定科目を記入します（金額は
いったん置いておく）。

	借方科目	金　額	貸方科目	金　額
（1）	仕　　　　入		買　掛　金	
	仮 払 消 費 税			

❷　証憑類を参照し、金額を記入して完成します。

	借方科目	金　額	貸方科目	金　額
（1）	仕　　　　入	35,000	買　掛　金	38,500
	仮 払 消 費 税	3,500		

第1問対策

A ランクの仕訳問題

問題 次の各取引について仕訳しなさい。商品勘定は3分法によること。

(1) 青森商店より商品¥1,000を仕入れ、発注時に支払った手付金¥300を差し引かれた残額は掛けとした。なお、引取運賃¥100は現金で支払った。

(2) 秋田商店に商品¥2,000を売り上げ、手付金¥400を差し引いた残額を掛けとした。なお、同店負担の発送費¥100を現金で立て替えたので、売掛金に含める。

(3) 従業員に対する給料の支払いに際し、給料総額¥10,000のうち、社会保険料の従業員負担分¥450と、所得税の源泉徴収分¥650を差引き、残額は現金で支給した。

(4) 所得税の源泉徴収額¥650を現金で納付した。

(5) 従業員にかかる健康保険料¥900を普通預金口座から納付した。このうち従業員負担分¥450は、社会保険料預り金からの支出であり、残額は会社負担分である。

	借方科目	金　額	貸方科目	金　額
(1)				
(2)				
(3)				
(4)				
(5)				

(6) 取引銀行より利率年7％、毎月25日に¥1,000の元金返済と翌1ヵ月分の利息の支払いを条件に¥12,000を現金で借り入れ、約束手形を振り出して交付した。なお、最初の1ヵ月分の利息（月割計算）は、借入時に差し引かれている。

(7) 取引銀行から借り入れていた¥10,000の返済期日が到来したため、元利合計を当座預金口座から返済した。なお、借り入れに伴う利率は年7.3％、借入期間は100日間であり、利息は1年を365日として日割り計算する。

(8) オフィスで使用する机と椅子¥1,000が到着した。代金は、購入に要した引取運賃¥50と設置組立費用¥150とともに小切手を振り出して支払った。

(9) 店舗用の建物に係る固定資産税の第2期分¥100を、銀行窓口にて現金で納付した。

(10) 収入印紙¥700を購入し代金は現金で支払った。なお、この収入印紙はただちに使用した。

利息の計算（月割計算）

額　面　金　額 × 年利率　= 利息（1年分）

1年分の利息 ÷ 12　　= 利息（1ヵ月分）

利息(1ヵ月分) × 借入（貸付）月数＝利息

利息の計算（日割計算）

額　面　金　額 × 年利率　= 利息（1年分）

1年分の利息 ÷ 365日 = 利息（1日分）

利息（1日分）× 借入（貸付)日数＝利息

	借方科目	金　額	貸方科目	金　額
(6)				
(7)				
(8)				
(9)				
(10)				

問 題　次の各取引について仕訳しなさい。商品勘定は3分法によること。

(1) 先に国際商店へ掛けで販売した商品￥5,000 のうち￥2,000 が品違いにつき返品を受けた。なお、同店が当社負担の返送にかかる送料￥50 を立替払いしたため、掛代金から差引くことにした。

(2) 山形商店から掛けで仕入れた商品のうち、￥200 を品違いにつき返品した。発送代金￥10 は着払いの先方負担とした。

(3) オフィスで使用する机と椅子￥2,000 が到着した。代金は翌月末日に支払う契約である。なお、購入に要した引取運賃￥50 と設置組立費用￥150 は現金で支払った。

(4) 先月末に、事務用プリンタ￥1,000 を買入れた際に支払未済となっていた残額￥400 を、小切手を振り出して支払った。

(5) 得意先が倒産し、売掛金￥2,000 が回収不能となった。商品注文時に受取っていた￥300 の手付金と相殺するとともに、残額は貸倒れとして処理する。なお、残額のうち￥800 は当期に販売した商品にかかる売掛金であり、貸倒引当金勘定の残高は￥500 であった。

	借方科目	金　額	貸方科目	金　額
(1)				
(2)				
(3)				
(4)				
(5)				

(6) 得意先徳島商事から、前期に貸倒れとして処理した売掛金￥10,000のうち￥1,000が回収され、当座預金口座に振り込まれたが、誤って貸方を売掛金と処理していたことが判明したので、本日これを訂正する。訂正にあたっては、取引記録のすべてを訂正する方法ではなく、記録の誤りのみを部分的に修正する方法によること。

(7) 業務で使用する交通系ICカードに現金￥1,000チャージした。当社はICカードにチャージした際には仮払金勘定で処理している。

(8) ICカードを使用して、電車代として￥300、消耗品の購入（消耗品費勘定を用いる）として￥500を使用した。当社では、ICカードチャージを行った際に、仮払金勘定で処理している。

(9) 出張中の従業員から当座預金口座に￥2,000の入金があった。このうち￥1,000については、得意先から注文を受けた際に受け取った手付金であるが、残額については、詳細は不明である。

(10) 当期首の2年前に取得した備品（取得原価：￥5,000、残存価額：￥0、耐用年数：5年）を当期首から6ヵ月使用した時点で売却し、売却代金￥3,000は翌月末に受取ることとした。なお、減価償却の記帳方法は間接法を採用している。また、当期分の減価償却費は月割りで計算する。

	借方科目	金　額	貸方科目	金　額
(6)				
(7)				
(8)				
(9)				
(10)				

C ランクの仕訳問題

問 題 次の各取引について仕訳しなさい。商品勘定は3分法によること。

(1) 月末に金庫を実査したところ、紙幣及び硬貨 ¥ 5,000、当社振出しの小切手 ¥ 1,000、他社振出しの小切手 ¥ 1,500 が保管されていた。同日の現金出納帳残高は ¥ 7,000 であった。差額については原因不明のため、現金過不足勘定で処理する。

(2) 建物の修繕と改築を行い、代金 ¥ 5,000 は九州銀行の小切手を振り出して支払った。このうち建物の現状を維持するための支出額（収益的支出）は ¥ 1,000 であり、残りは建物の資産価値を高める支出（資本的支出）である。なお、当社は複数の金融機関を利用しているため、口座ごとに預金勘定を設定している。

(3) 法人税等の中間申告を行い、法人税 ¥ 4,000、住民税 ¥ 800、事業税 ¥ 200 を現金で納付した。

(4) 決算に際し、当期の法人税等は ¥ 50,000 と確定した。なお、当期は中間申告を行っていない。

(5) 仕入勘定において算定された売上原価 ¥ 1,700 を損益勘定に振り替えた。当社では、仕入勘定で売上原価を算定している。

	借方科目	金　額	貸方科目	金　額
(1)				
(2)				
(3)				
(4)				
(5)				

(6) A社に対する売掛金￥1,000について取引銀行を通じて発生記録の請求を行い、電子記録にかかる債権が生じた。

(7) 八丁堀株式会社は第2期の株主総会において繰越利益剰余金￥2,000を次のように処分し、残額は次回の剰余金の処分まで繰り越した。

　　利益準備金：￥100　　株主配当金：￥1,000

(8) 前期の決算において未収利息￥100を計上していたため、本日（当期首）、再振替仕訳を行った。

	借方科目	金　額	貸方科目	金　額
(6)				
(7)				
(8)				

証憑からの仕訳問題

(1) 次の証憑から取引を仕訳しなさい。

東京商事株式会社は、商品を仕入れ、代金は後日支払うこととした。なお、品物とともに、以下の納品書を受け取っている。また消費税については、税抜き方式によること。

納 品 書

東京商事株式会社　御中

大阪商事株式会社

品　　　物	数　量	単　価	金　額
高級ボールペン	20	750	¥15,000
シャープペンシル	30	500	¥15,000
シャープペン替え芯	50	100	¥5,000
消費税			¥3,500
合　計			¥38,500

(2) 次の証憑から取引を仕訳しなさい。

東京商事株式会社は、本日の店頭での売上を集計し、次の売上集計表を作成した。この集計結果に基づいて、本日分の売上計上の処理を行う。なお、合計額のうち、¥2,200は現金で受け取り、残額はクレジットカード決済であった。信販会社への手数料は考慮しなくてよい。また、消費税は税抜き方式で処理する。

売上集計表

X3年9月4日

品　　　物	数　量	単　価	金　額
高級ボールペン	2	1,500	¥3,000
シャープペンシル	5	1,000	¥5,000
シャープペン替え芯	2	200	¥400
消費税			¥840
合　計			¥9,240

(3) 次の証憑から取引を仕訳しなさい。

東京商事株式会社は、事務所として使用する物件の賃借契約を行い、次の振込依頼書どおりに普通預金口座から支払った。

振込依頼書

東京商事株式会社　御中

中央不動産株式会社

ご契約ありがとうございます。
以下の合計額を下記口座へお振り込みください。

内　　容	金　　額
仲介手数料	¥150,000
敷金・保証金	¥900,000
初月賃料	¥300,000
合　計	¥1,350,000

○ 銀行町田支店　当座　0123456　チュウオウフドウサン（カ

(4) 次の証憑から取引を仕訳しなさい。

従業員が出張より帰社し、出発時に仮払いしていた¥50,000について、次の報告書と領収書が提出され、残額を現金で受け取った。なお、当社では鉄道料金の領収書の提出を不要としている。

旅費交通費等報告書

太田 太郎

移動先	手段等	領収書	金　　額
新大阪	JR 東海	無	¥17,000
大阪グランフロント	タクシー	有	¥2,000
T ホテル	宿泊	有	¥7,600
新大阪	電車	無	¥210
東京	JR 東海	無	¥17,000
		合　計	¥43,810

```
┌─────────────────────────────┐
│           領収書             │
│                             │
│       運賃   ￥2,000         │
│   上記のとおり領収いたしました   │
│           なんば交通         │
└─────────────────────────────┘

┌─────────────────────────────┐
│           領収書             │
│                             │
│  宿泊費  シングル1名  ￥7,600  │
│   上記のとおり領収いたしました   │
│             Tホテル          │
└─────────────────────────────┘
```

	借方科目	金　額	貸方科目	金　額
(1)				
(2)				
(3)				
(4)				

帳簿問題の解き方をマスターしよう

 # 第2問対策

① 第2問の出題内容

第2問では、小問が2問出題されます。また新試験（以下、新方式とする）の第2問は、旧試験（以下、旧方式とする）の第2問と第4問と合わせたものといえます。

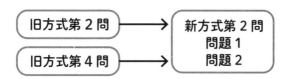

旧方式の出題傾向は次のとおりです。

	過去の出題	内容など
第2問	補助簿の選択	取引から必要な帳簿を解答するもの
	勘定記入	売掛金元帳・買掛金元帳
		買掛金元帳、売上帳など
		費用・収益の繰延べ
		固定資産、新論点など
	補助簿記入	商品有高帳への記入

	過去の出題	内容など
第4問	伝票会計	一部現金取引
		仕訳日計表の作成
	補助簿記入	商品有高帳への記入
	勘定記入	費用の繰延べなど
	用語補充問題	適当な語句を補って文章を完成するもの

新方式第2問では内容が多岐にわたること、またランダムに出題されていることが分かります。

第2問の配点と目標点数

第2問の配点は合計20点（問題1は12点、問題2は8点）ですが、そのうち半分の10点を確保するようにしてください。

配　　点：20点
目標得点：10点

第2問は試験の一番最後に解き、10点を確保することが大切です。

第2問を解くポイント

頻出度の高い伝票会計・商品有高帳・勘定記入問題などを重点的にマスターしましょう。

part 1
伝 票 会 計

伝票会計では、主に「一部現金取引」の記入問題が出題されています。

問 題 1

次の取引について（1）取引を分解して起票する方法、（2）いったん全額を掛け取引として起票する方法の2つにより伝票を起票しなさい。当社では3伝票制を採用している。

（取　引）

商品 ¥10,000 を販売し、代金のうち ¥4,000 については現金で受け取り、残額は掛けとした。

(1) 取引を分解して起票する方法

```
┌─────────────────────────────────────────┐
│           入 金 伝 票                      │
│  ┌──────────────────┬──────────────────┐ │
│  │                  │                  │ │
│  └──────────────────┴──────────────────┘ │
└─────────────────────────────────────────┘
```

```
┌─────────────────────────────────────────────────────────┐
│                    振 替 伝 票                            │
│  ┌──────────┬──────────┬──────────┬──────────┐           │
│  │          │          │          │          │           │
│  └──────────┴──────────┴──────────┴──────────┘           │
└─────────────────────────────────────────────────────────┘
```

(2) いったん全額を掛け取引として起票する方法

```
┌─────────────────────────────────────────┐
│           入 金 伝 票                      │
│  ┌──────────────────┬──────────────────┐ │
│  │                  │                  │ │
│  └──────────────────┴──────────────────┘ │
└─────────────────────────────────────────┘
```

```
┌─────────────────────────────────────────────────────────┐
│                    振 替 伝 票                            │
│  ┌──────────┬──────────┬──────────┬──────────┐           │
│  │          │          │          │          │           │
│  └──────────┴──────────┴──────────┴──────────┘           │
└─────────────────────────────────────────────────────────┘
```

問 題 2

次の取引について下記（1）または（2）のように入金伝票を作成した場合、振替伝票の記入はどのようになるのか示しなさい。当社では 3 伝票制を採用している。

〔取 引〕

商品 ¥10,000 を販売し、代金のうち ¥4,000 については現金で受け取り、残額は掛けとした。

(1)

入　金　伝　票	
売　　　　　上	4,000

(2)

入　金　伝　票	
売　掛　金	4,000

答案用紙

(1)

振　替　伝　票			

(2)

振　替　伝　票			

part 2
商品有高帳

補助簿の記入問題の中で、頻出度の高いのが商品有高帳です。その記入を確認しましょう。

問 題 3

(1) 次の取引を仕訳しなさい。

前月繰越	SD カード　20 個　@￥100　￥2,000
11 月 3 日	大阪商店から SD カード 80 個を@￥110 で仕入れ、代金は掛けとした。
11 月 10 日	京都商店からボールペン 40 本を@￥85 で仕入れ、代金は掛けとした。
11 月 11 日	10 日に仕入れたボールペンのうち 4 本が品違いであったため、返品した。
11 月 12 日	福岡商店に SD カード 70 個を@￥180 で販売し、代金は同店振出の小切手で受け取った。
11 月 24 日	沖縄商店にボールペン 20 本を@￥120 で販売し、代金は掛けとした。

(1)

	借方科目	金　額	貸方科目	金　額
11 月 3 日				
11 月 10 日				
11 月 11 日				
11 月 12 日				
11 月 24 日				

(2) 下記の商品有高帳（SD カードのみ）に記入しなさい。

商 品 有 高 帳《先入先出法》
SD カード

日付		摘　　要	受入欄			払出欄			残高欄		
			数量	単価	金額	数量	単価	金額	数量	単価	金額
11	1	前月繰越	20	100	2,000				20	100	2,000

商 品 有 高 帳《移動平均法》
SD カード

日付		摘　　要	受入欄			払出欄			残高欄		
			数量	単価	金額	数量	単価	金額	数量	単価	金額
11	1	前月繰越	20	100	2,000				20	100	2,000

part 3
勘定記入

勘定記入の前提となる一連の仕訳がカギです。一連の仕訳を書き出してみましょう。

問 題 4

次の取引の仕訳を行い、勘定口座に転記しなさい。(決算年 1 回　3 月 31 日)

X2 年 3 月 31 日	決算となり、7 月 1 日に一括払いしていた自動車保険の保険料 1 年分 ¥1,200 のうち翌期分を繰り延べた。
〃	当期保険料 ¥900 を損益勘定に振り替えた。
X2 年 4 月 1 日	期首となり、繰り延べた保険料につき、再振替記入を行った。
X2 年 7 月 1 日	自動車保険の保険料 1 年分 ¥1,200 を現金で一括払いした。
X3 年 3 月 31 日	決算となり、保険料のうち翌期分を繰り延べた。
〃	保険料勘定の残高 ¥1,200 を損益勘定に振り替えた。

(注) X1 年 4 月 1 日から X2 年 3 月 31 日までを前期、X2 年 4 月 1 日から X3 年 3 月 31 日までを当期とします。

 **POINT!**

金額を月数に置き換えて仕訳してみる

X 2.3.31 決算整理仕訳

（ 前 払 保 険 料 ） 3ヵ月 （ 保 　 険 　 料 ） 3ヵ月

X 2.3.31 決算振替仕訳

（ 損 　 　 　 益 ） 9ヵ月 （ 保 　 険 　 料 ） 9ヵ月

X 2. 4. 1 再振替仕訳

（ 保 　 険 　 料 ） 3ヵ月 （ 前 払 保 険 料 ） 3ヵ月

X 2. 7. 1 保険料の一括支払い

（ 保 　 険 　 料 ）12ヵ月 （ 現 　 　 　 金 ）12ヵ月

15ヵ月 ← 決算直前の保険料は 15ヵ月分

X 2.3.31 決算整理仕訳

（ 前 払 保 険 料 ） 3ヵ月 （ 保 　 険 　 料 ） 3ヵ月

X 2.3.31 決算振替仕訳

（ 損 　 　 　 益 ）12ヵ月 （ 保 　 険 　 料 ）12ヵ月

ひと月分の保険料は@¥100 となり、上記の仕訳に当てはめると、簡単に解答が導けます。

$$\text{X 2.3.31} \ : \ \frac{¥1,200}{12 \text{ヵ月}} \ = \ ¥100$$

または、

$$\text{X 3.3.31} \ : \ \frac{¥1,500}{15 \text{ヵ月}} \ = \ ¥100$$

（注）X3.3.31 の計算で多いミス

$$\text{X 3.3.31} \ : \ \frac{¥1,500}{12 \text{ヵ月}} \ = \ ¥125$$

	借方科目	金　額	貸方科目	金　額
X2年3月31日				
〃				
X2年4月1日				
X2年7月1日				
X3年3月31日				
〃				

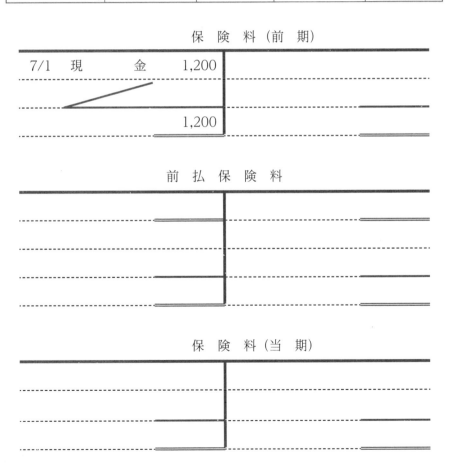

保　険　料（前　期）

7/1 現 　 金 1,200	
1,200	

前　払　保　険　料

保　険　料（当　期）

合格の決め手は
第3問

第3問対策

簿記3級第3問では、財務諸表作成など、決算についての問題が出題されています。

① 第3問の出題傾向

形式面

精算表作成問題、貸借対照表・損益計算書作成問題、決算整理後残高試算表作成問題の3つに大別されます。

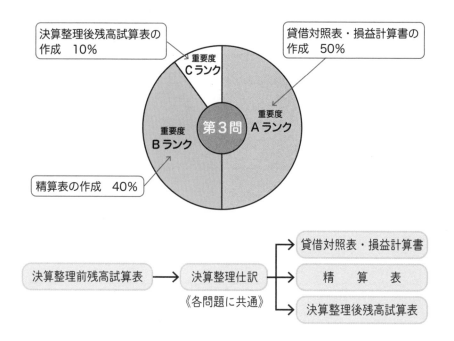

決算整理後残高試算表の
作成　10%

貸借対照表・損益計算書の
作成　50%

重要度
Cランク

重要度
Aランク

第3問

重要度
Bランク

精算表の作成　40%

決算整理前残高試算表　→　決算整理仕訳　→　貸借対照表・損益計算書

《各問題に共通》　→　精　算　表

→　決算整理後残高試算表

「決算整理仕訳は難しい」という受け止め方があります。しかし、

・パターン化されている

・毎回出題される決算整理仕訳が多い

ことも考えて、完璧を目指しましょう。

過去の試験で頻出度の高い決算整理仕訳

論　点	決算整理仕訳		
現 金 過 不 足	（雑　　　　　　損） ×× （現　　　　　　金） ××		
	（現　　　　　　金） ×× （雑　　　　　　益） ××		
仮払金と仮受金	（仮　受　　金） ×× （○　○　○　○） ××		
	（○　○　○　○） ×× （仮　払　　金） ××		
貸倒れの見積り ★	（貸倒引当金繰入） ×× （貸 倒 引 当 金） ×× 　└─ 期末売上債権残高×設定率－貸倒引当金残高		
減 価 償 却 ★	（減 価 償 却 費） ×× （減価償却累計額） ×× 　└（取得原価－残存価額）÷耐用年数		
売上原価の算定 ★	（仕　　　　　　入） 期首商品 （繰 越 商 品） 期首商品		
	（繰 越 商 品） 期末商品 （仕　　　　　　入） 期末商品		
費用の繰延べ★	（前 払 費 用） ×× （費 用 の 勘 定） ××		
収益の繰延べ	（収 益 の 勘 定） ×× （前 受 収 益） ××		
費用の見越し	（費 用 の 勘 定） ×× （未 払 費 用） ××		

★は毎回、出題。

今後、出題頻度の高まりが予想される論点

消費税の処理	（仮 受 消 費 税） ××× （仮 払 消 費 税） ××
	（未 払 消 費 税） ×
法人税等の処理	（法 人 税 等） ××× （仮払法人税等） ××
	（未払法人税等） ×

2 第3問の配点と目標点数

第3問の配点は合計35点の配点です。合格のためには、第3問で満点を目指しましょう。

配　点：35点
目標得点：35点

3 第3問を解くポイント

part 1
厳選！決算修正仕訳

【未処理事項の修正仕訳】

過去に出題された未処理事項の仕訳をまとめたものです。

Q. 次の期末未処理事項について仕訳を行い、精算表に記入しなさい。
（決算年1回　3月31日）

問 題 1

現金の帳簿残高は¥12,000であり手許有高は¥11,000である。なお、過不足の原因は不明であるため、適切な処理を行う。

精 算 表

| 勘 定 科 目 | 残 高 試 算 表 | | 修 正 記 入 | | 損 益 計 算 書 | | 貸 借 対 照 表 | |
	借 方	貸 方	借 方	貸 方	借 方	貸 方	借 方	貸 方
現　　　　　金	12,000							
雑　（　　　）								

問題 2

現金過不足￥5,000（借方残高）は現金の盗難により生じたものである。また当社では盗難保険を掛けており、仮受金￥6,000 は盗難に対する保険金として受け取ったものである。そこで、現金過不足と仮受金を相殺し、差額を雑損または雑益として処理する。

精 算 表

勘 定 科 目	残 高 試 算 表		修 正 記 入		損 益 計 算 書		貸 借 対 照 表	
	借 方	貸 方	借 方	貸 方	借 方	貸 方	借 方	貸 方
現 金 過 不 足	5,000							
仮 受 金		6,000						
雑 （　　　）								

問題 3

3月1日に土地￥3,000 を購入し、代金は2ヵ月後に支払うこととした。購入時に以下の仕訳をしていたため、適正に修正する。

（借方）土　地　3,000　　（貸方）買掛金　3,000

精 算 表

勘 定 科 目	残 高 試 算 表		修 正 記 入		損 益 計 算 書		貸 借 対 照 表	
	借 方	貸 方	借 方	貸 方	借 方	貸 方	借 方	貸 方
土　　　　地	15,000							
買　掛　金		113,000						
未　払　金								

問題 4

仮受金￥2,000 は、全額得意先に対する売掛金の回収額であることが判明した。

精 算 表

勘 定 科 目	残 高 試 算 表		修 正 記 入		損 益 計 算 書		貸 借 対 照 表	
	借 方	貸 方	借 方	貸 方	借 方	貸 方	借 方	貸 方
売　掛　金	11,000							
買　掛　金		100,000						
仮　受　金		2,000						

問 題 5

未使用分のはがきと切手¥500、収入印紙¥800 があることが判明したため、適切な勘定へ振り替える。

精 算 表

勘 定 科 目	残 高 試 算 表 借 方	貸 方	修 正 記 入 借 方	貸 方	損 益 計 算 書 借 方	貸 方	貸 借 対 照 表 借 方	貸 方
通 信 費	8,000							
租 税 公 課	11,000							
（　　　　）								

問 題 6

仮払金¥5,000 は、従業員の出張に伴う旅費交通費の概算額を支払ったものである。従業員はすでに出張から戻り、実際の旅費交通費¥4,800 を差し引いた残額は普通預金口座に預け入れたが、この取引の記帳がまだ行われていない。

精 算 表

勘 定 科 目	残 高 試 算 表 借 方	貸 方	修 正 記 入 借 方	貸 方	損 益 計 算 書 借 方	貸 方	貸 借 対 照 表 借 方	貸 方
普 通 預 金	15,000							
仮 払 金	5,000							
旅 費 交 通 費	8,000							

問 題 7

売掛金の代金¥2,000 を現金で受け取った際に、以下の仕訳を行っていたことが判明したので、適切に修正する。

（借方）現　金　2,000　　（貸方）前受金　2,000

精 算 表

勘 定 科 目	残 高 試 算 表 借 方	貸 方	修 正 記 入 借 方	貸 方	損 益 計 算 書 借 方	貸 方	貸 借 対 照 表 借 方	貸 方
現　　　　　金	28,000							
売　　掛　　金	35,000							
前　　受　　金		2,000						

問 題 8

得意先からの商品の内金￥3,000を現金で受け取っていたが、これを売上
として処理していたので、適切に修正する。

精 算 表

勘 定 科 目	残 高 試 算 表		修 正 記 入		損 益 計 算 書		貸 借 対 照 表	
	借 方	貸 方	借 方	貸 方	借 方	貸 方	借 方	貸 方
売 上		35,000						
（　　　）		2,000						

問 題 9

仮払金￥12,000はその全額が12月1日に購入した備品に対する支払いで
あることが判明した。また決算につき、同備品について、定額法、耐用年数
5年、残存価額0について間接法、月割計算により減価償却を行う。（決算
年1回3月31日）

精 算 表

勘 定 科 目	残 高 試 算 表		修 正 記 入		損 益 計 算 書		貸 借 対 照 表	
	借 方	貸 方	借 方	貸 方	借 方	貸 方	借 方	貸 方
仮 払 金	12,000							
（　　　）								
減 価 償 却 費								
減価償却累計額								

問 題 10

当期に仕入れていた商品￥700を決算日前に返品し、同額を掛け代金か
ら差し引くこととしたが、この取引が未記帳であった。期末商品棚卸高は
￥2,000（上記返品は考慮済）であり、売上原価は仕入の行で計算する。

精算表

勘定科目	残高試算表 借方	残高試算表 貸方	修正記入 借方	修正記入 貸方	損益計算書 借方	損益計算書 貸方	貸借対照表 借方	貸借対照表 貸方
繰越商品	3,000							
買掛金		18,000						
仕入	100,000							

問題 11

当社では、商品の発送費（当社負担）について、1ヵ月分をまとめて翌月に支払う契約を配送業者と結んでいる。X3年3月分の発送費は¥1,000であったため、X3年3月31日（決算日）に費用計上する。

精算表

勘定科目	残高試算表 借方	残高試算表 貸方	修正記入 借方	修正記入 貸方	損益計算書 借方	損益計算書 貸方	貸借対照表 借方	貸借対照表 貸方
未払金								
発送費	5,000							

問題 12

仮払金¥2,000はX3年4月分と5月分の2ヵ月分の家賃がX3年3月28日に普通預金口座から引き落とされたものであることが判明した。そこで、家賃の前払い分として処理する。（決算日X3年3月31日）

精算表

勘定科目	残高試算表 借方	残高試算表 貸方	修正記入 借方	修正記入 貸方	損益計算書 借方	損益計算書 貸方	貸借対照表 借方	貸借対照表 貸方
仮払金	2,000							
（　　　）家賃								

【決算整理仕訳】

過去に出題された決算整理仕訳をまとめたものです。

Q. 次の期末未処理事項について仕訳を行い、精算表に記入しなさい。
（決算年 1 回 3 月 31 日）

問題 1

期末商品棚卸高は￥2,000 である。売上原価は仕入の行で計算する。

精 算 表

勘 定 科 目	残 高 試 算 表		修 正 記 入		損 益 計 算 書		貸 借 対 照 表	
	借 方	貸 方	借 方	貸 方	借 方	貸 方	借 方	貸 方
繰 越 商 品	3,000							
仕 入	10,000							

問題 2

備品について、残存価額を￥0、耐用年数を 6 年とする定額法により減価償却を行う。なお、備品のうち X3 年 1 月 1 日に取得した￥6,000 については、同様の条件で減価償却費を月割により計算する。（決算日 X3 年 3 月 31 日）

精 算 表

勘 定 科 目	残 高 試 算 表		修 正 記 入		損 益 計 算 書		貸 借 対 照 表	
	借 方	貸 方	借 方	貸 方	借 方	貸 方	借 方	貸 方
備 品	18,000							
減価償却累計額		4,000						
減 価 償 却 費								

● 期中取得の備品は経過期間を求める。

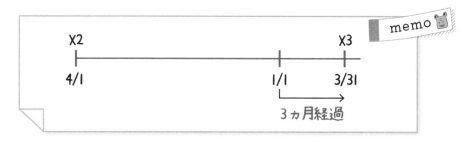

問 題 3

受取手形及び売掛金の期末残高に対して、3％の貸倒れを見積もる。貸倒引当金の設定は差額補充法による。

精 算 表

勘 定 科 目	残 高 試 算 表		修 正 記 入		損 益 計 算 書		貸 借 対 照 表	
	借 方	貸 方	借 方	貸 方	借 方	貸 方	借 方	貸 方
受 取 手 形	4,000							
売 掛 金	6,000							
貸 倒 引 当 金		100						
貸倒引当金繰入								

問 題 4

貸付金は X2 年 12 月 1 日に貸付期間 1 年、利率年 1.2％で貸し付けたもので、利息は元金と共に返済時に受け取ることになっている。利息の計算は月割による。（決算日 X3 年 3 月 31 日）

精 算 表

勘 定 科 目	残 高 試 算 表		修 正 記 入		損 益 計 算 書		貸 借 対 照 表	
	借 方	貸 方	借 方	貸 方	借 方	貸 方	借 方	貸 方
貸 付 金	10,000							
受 取 利 息								
（ ） 利息								

問 題 5

支払家賃のうち ¥1,200 は X1 年 11 月 1 日に向こう 6 ヵ月分を支払ったものである。そこで、前払い分を月割により計上する。（決算日 X2 年 3 月 31 日）

精 算 表

勘 定 科 目	残 高 試 算 表		修 正 記 入		損 益 計 算 書		貸 借 対 照 表	
	借 方	貸 方	借 方	貸 方	借 方	貸 方	借 方	貸 方
支 払 家 賃	4,800							
（ ） 家賃								

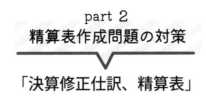

part 2
精算表作成問題の対策
「決算修正仕訳、精算表」

問　題

次の期末修正事項及び決算整理事項にもとづいて（1）決算修正仕訳を示しなさい。（2）答案用紙の精算表に記入し完成しなさい（会計期間Ｘ1年4月1日からＸ2年3月31日まで）。

期末修正事項：

1. かねて受け取っていた約束手形 ¥12,000 が当座預金口座に入金されたが、未処理であった。

2. 現金の実際残高が帳簿残高に対して ¥2,000 不足していた。決算日につき、適当な勘定に振り替える。

3. 受取手形及び売掛金の期末残高に対して 2％の貸倒引当金を差額補充法により計上する。

4. 期末商品棚卸高は ¥17,000 である。売上原価は仕入の行で計算する。

5. 当期期首に取得した備品について、残存価額は取得原価の1割、耐用年数を 10 年とする定額法により減価償却を行う。

6. 借入金は X1 年 9 月 1 日に借入期間 1 年、利率年 6％で借り入れたもので、利息は 2 月末日と返済日に 6ヵ月分をそれぞれ支払うことになっている。利息の計算は月割による。

7. 支払家賃のうち ¥12,600 は X2 年 2 月 1 日に向こう 6ヵ月分を支払ったものである。そこで、前払分を月割により計上する。

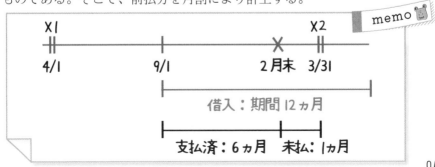

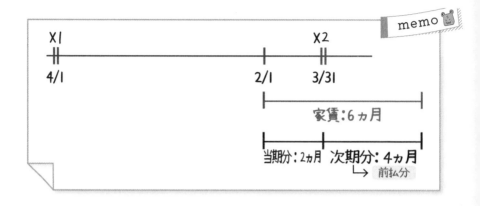

（1）決算修正仕訳

	仕		訳	
	借方科目	金　額	貸方科目	金　額
1				
2				
3				
4				
5				
6				
7				

（2）

精 算 表

勘定科目	残 高 試 算 表 借 方	残 高 試 算 表 貸 方	修 正 記 入 借 方	修 正 記 入 貸 方	損 益 計 算 書 借 方	損 益 計 算 書 貸 方	貸 借 対 照 表 借 方	貸 借 対 照 表 貸 方
現　　　　金	56,000							
当 座 預 金	84,000							
受 取 手 形	45,000							
売 　 掛 　 金	67,000							
繰 越 商 品	14,000							
備　　　　品	140,000							
支 払 手 形		40,000						
買 　 掛 　 金		58,000						
借 　 入 　 金		112,000						
貸 倒 引 当 金		1,400						
資 　 本 　 金		140,000						
繰越利益剰余金		32,600						
売　　　　上		400,000						
仕 　 　 　 入	294,000							
給 　 　 　 料	51,240							
支 払 家 賃	29,400							
支 払 利 息	3,360							
計	784,000	784,000						
雑 （　　　）								
貸倒引当金繰入								
減 価 償 却 費								
備品減価償却累計額								
未 払 利 息								
前 払 家 賃								
当 期 純 （　　）								

A ランクの仕訳問題

✎ 解 答

	借方科目	金 額	貸方科目	金 額
(1)	仕　　　　入	1,100	前　払　金	300
			買　掛　金	700
			現　　　金	100
(2)	前　受　金	400	売　　　上	2,000
	売　掛　金	1,700	現　　　金	100
(3)	給　　　　料	10,000	社会保険料預り金	450
			所得税預り金	650
			現　　　金	8,900
(4)	所得税預り金	650	現　　　金	650
(5)	社会保険料預り金	450	普　通　預　金	900
	法　定　福　利　費	450		
(6)	現　　　　金	11,930	手　形　借　入　金	12,000
	支　払　利　息	70		
(7)	借　　入　　金	10,000	当　座　預　金	10,200
	支　払　利　息	200		
(8)	備　　　　品	1,200	当　座　預　金	1,200
(9)	租　税　公　課	100	現　　　金	100
(10)	租　税　公　課	700	現　　　金	700

解　説

(1) 商品を仕入れたため、**仕入勘定（費用）**の借方に購入代価￥1,000 に引取運賃￥100 を含めた￥1,100 と記入します。

また、発注時に支払った手付金を相殺するため、**前払金勘定（資産）**の貸方に￥300 と記入します。「残額は掛けとした」とあるため、**買掛金勘定（負債）**の貸方に￥700 と記入します。

(2) 商品を販売したため、**売上勘定（収益）**の貸方に￥2,000 と記入します。先に受け取った手付金￥400 は、**前受金勘定（負債）**の借方に記入して相殺します。

また「手付金を相殺した差額は掛けとした」とあるため、**売掛金勘定（資産）**の借方に記入します。なお、発送費￥100 は立替払いしており、指示に従い売掛金勘定に含めて処理します。

(3) 従業員に給料を支払ったため、**給料勘定（費用）**の借方に￥10,000 と記入します。従業員の負担する社会保険料￥450 は、**社会保険料預り金勘定（負債）**の貸方に記入します。所得税の源泉徴収額￥650 は**所得税預り金勘定（負債）**で処理します。また残額￥8,900 は現金で支給したため、**現金勘定**の貸方に記入します。

(4) 所得税の源泉徴収額￥650 を税務署に納付したため、**所得税預り金勘定**の借方に記入します。

(5) 社会保険料は、従業員と事業主とで折半して負担します。そのため、従業員負担分はすでに預っているため、**社会保険料預り金勘定（負債）**の借方に記入します。また事業主負担分は**法定福利費勘定（費用）**で処理します。

(6) 約束手形を振り出して融資を受けたため、**手形借入金勘定（負債）**の貸方に￥12,000 と記入します。また、最初のひと月分の利息は控除されているため、**支払利息勘定（費用）**の借方に￥70 と記入します。

〈利息の計算〉

$$¥12,000 \times 7\% \times \frac{1}{12} = ¥70$$

（7）借入金を返済したため、**借入金勘定（負債）**の借方に¥10,000と記入します。

また利息については、借入金の返済に際して、元利合計を返済したとあります。そのため、100日分の利息を**日割り計算**で求め、元金とともに支払います。

〈利息の計算〉

$$¥10,000 \times 7.3\% \times \frac{100}{365} = ¥200$$

（8）備品を購入した場合、取得原価（購入代価に付随費用を加えた金額）で**備品勘定**の借方に記入します。

備品の取得原価¥1,200 ＝ 購入代価¥1,000 ＋ 付随費用¥200
（＝¥50 ＋¥150）

（9）固定資産税は、**租税公課勘定（費用）**で処理します。

(10) 収入印紙の購入額¥700は、**租税公課勘定（費用）**で処理します。

B ランクの仕訳問題

✏️ 解　答

	借方科目	金　額	貸方科目	金　額
(1)	売　　　　　上	2,000	売　掛　金	2,050
	発　送　費	50		
(2)	買　掛　金	200	仕　　　入	200
(3)	備　　品	2,200	未　払　金	2,000
			現　　　金	200
(4)	未　払　金	400	当　座　預　金	400
(5)	前　受　金	300	売　掛　金	2,000
	貸　倒　引　当　金	500		
	貸　倒　損　失	1,200		
(6)	売　掛　金	1,000	償却債権取立益	1,000
(7)	仮　払　金	1,000	現　　　金	1,000
(8)	旅　費　交　通　費	300	仮　払　金	800
	消　耗　品　費	500		
(9)	当　座　預　金	2,000	前　受　金	1,000
			仮　受　金	1,000
(10)	減価償却累計額	2,000	備　　品	5,000
	減　価　償　却　費	500	固定資産売却益	500
	未　収　入　金	3,000		

🔍 解　説

（1）次のように2つの仕訳に分けて考えます。

売 上 戻 り	（売 　 　 　 上）	2,000	（売 　 掛 　 金）	2,000
送 　 　 　 料	（発 　 送 　 費）	50	（売 　 掛 　 金）	50

「立替払いした送料は、掛け代金から差し引く」とあるため、**売掛金勘定（資産）**の貸方に¥50と記入します。

（2）発送料については、「着払いの先方負担とした」とあるため、**仕訳は行わない**点に注意してください。

（3）商品以外の物品を購入し、代金を後払いとしたときには、買掛金勘定ではなく**未払金勘定（負債）**で処理します。

$$\text{備品の取得原価 ¥2,200} = \text{購入代価 ¥2,000} + \text{付随費用 ¥200}$$
$$(= ¥50 + ¥150)$$

（4）備品購入代金のうち¥400を決済したため、**未払金勘定（負債）**の借方に記入します。

（5）この仕訳は、次のように分解して考えます。

前受金と相殺	（前 　 受 　 金）	300	（売 　 掛 　 金）	300
当期販売分の売掛金	（貸 倒 損 失）	800	（売 　 掛 　 金）	800
前期販売分の売掛金	（貸 倒 引 当 金）	500	（売 　 掛 　 金）	900
	（貸 倒 損 失）	400		

（注）貸倒損失：¥1,200 ＝ ¥800 ＋ ¥400
　　　売　掛　金：¥2,000 ＝ ¥300 ＋ ¥800 ＋ ¥900

(6) 訂正仕訳は、次の手順で考えます。

● 間違えた仕訳を行う
● 取り消しの仕訳（逆仕訳）を行う
● 正しい仕訳を行う

取り消し仕訳と正しい仕訳を合算した仕訳が訂正仕訳です。

間違った仕訳（当 座 預 金）1,000 （売 掛 金）1,000
①取り消し仕訳（売 掛 金）1,000 （当 座 預 金）1,000
②正 し い 仕 訳（当 座 預 金）1,000 （償却債権取立益）1,000
③訂 正 仕 訳（＝①＋②）
（売 掛 金）1,000 （償却債権取立益）1,000

(7) 交通系ICカードにチャージした段階では、まだ旅費交通費として支出したわけではないため、**仮払金勘定（資産）** の借方に記入します。

(8) **旅費交通費勘定（費用）** と**消耗品費勘定（費用）** の借方に記入するとともに、仮払金勘定の貸方に記入します。

(9) 出張中の従業員からの入金額は、**当座預金勘定の借方に ¥2,000** と記入するとともに、得意先からの手付金 ¥1,000 は**前受金勘定（負債）** の貸方に記入します。また内容不明の入金額 ¥1,000 は**仮受金勘定（負債）** の貸方に記入します。

(10) 固定資産を取得してから当期首までの2年間の減価償却累計額と、当期首から売却日までの経過期間の減価償却費は次の通り計算します。

(1) 減価償却累計額：¥5,000 ÷ 5年 × 2年 ＝ ¥2,000

(2) 減 価 償 却 費：¥5,000 ÷ 5年 ÷ 12ヵ月 × 6ヵ月 ＝ ¥500

(3) 固定資産売却益：¥3,000〈売却価額〉－（¥5,000 － ¥2,000 － ¥500）

　　　　　　　　〈帳簿価額〉 ＝ （＋） ¥500

解 答

	借方科目	金　額	貸方科目	金　額
(1)	現 金 過 不 足	500	現　　　　　金	500
(2)	修　　繕　　費 建　　　　　物	1,000 4,000	当座預金九州銀行	5,000
(3)	仮 払 法 人 税 等	5,000	現　　　　　金	5,000
(4)	法人税、住民税及び事業税	50,000	未 払 法 人 税 等	50,000
(5)	損　　　　　益	1,700	仕　　　　　入	1,700
(6)	電 子 記 録 債 権	1,000	売　　掛　　金	1,000
(7)	繰 越 利 益 剰 余 金	1,100	未 払 配 当 金 利 益 準 備 金	1,000 100
(8)	受 取 利 息	100	未 収 利 息	100

🔍 解 説

(1) 現金実際残高を集計する際に、**当社振出の小切手**（当座預金（借方）
で処理）を含めない点に注意してください。

現 金 帳 簿 残 高：¥7,000
現 金 実 際 残 高：¥5,000 ＋ ¥1,500 ＝ ¥6,500（当社振出の小切手は
当座預金（借方）で処理）
現 金 過 不 足：¥7,000 － ¥6,500 ＝ ¥500

(2) 建物の修繕のための支出のうち、資産価値を高める支出を資本的支出
といい、現状を維持するための支出を収益的支出といいます。資本的支
出は**建物勘定（資産）**で処理します。また、収益的支出は、**修繕費勘定（費
用）**で処理します。なお、口座ごとに預金勘定を管理しているため、**当
座預金九州銀行勘定（資産）**を用いて処理します。

(3) 中間申告を行い、法人税、住民税及び事業税を支払ったときには、**仮
払法人税等勘定（資産）**の借方に記入します。

(4) 法人税等の支払額は、**法人税、住民税及び事業税勘定（費用）**の借方
に記入します。

(5) 決算振替仕訳についての問題です。ここでは仕入勘定の残高 ¥1,700
（＝売上原価）を**損益勘定**の借方に記入して振り替えます。

(6) 得意先に対する売掛金を電子記録債権として登録したため、**電子記録債権
勘定（資産）**の借方に記入します。また**売掛金勘定（資産）**の貸方に記入します。

(7) 繰越利益剰余金を財源として配当を行った際の処理です。株主への配
当金 ¥1,000 は**未払配当金勘定（負債）**の貸方に、また配当額の 10 分の
1 である ¥100 を、**利益準備金勘定（資本）**の貸方に記入します。

(8) 前期末の決算整理仕訳は次の通りです。

決算整理仕訳（未 収 利 息）100 （受 取 利 息）100

当期首に行う再振替仕訳は、上記の仕訳の逆仕訳です。

再振替仕訳（受 取 利 息）100 （未 収 利 息）100

証憑からの仕訳

解答

	借方科目	金額	貸方科目	金額
(1)	仕　　　　　入	35,000	買　　掛　　金	38,500
	仮　払　消　費　税	3,500		
(2)	現　　　　　金	2,200	売　　　　　上	8,400
	クレジット売掛金	7,040	仮　受　消　費　税	840
(3)	支　払　手　数　料	150,000	普　通　預　金	1,350,000
	差　入　保　証　金	900,000		
	支　払　家　賃	300,000		
(4)	旅　費　交　通　費	43,810	仮　　払　　金	50,000
	現　　　　　金	6,190		

解説

(1) 納品書は商品等の販売者が購入者に対して発行する証憑です。そのため、東京商事は**仕入勘定（費用）**の借方に税抜き金額で¥35,000と記入します。

また消費税の支払額について**仮払消費税勘定（資産）**の借方に¥3,500と記入します。「代金は後日支払うことにした」とあるため、**買掛金勘定（負債）**の貸方に¥38,500と記入します。

(2) 売上集計表は一定期間の売上を集計し、合計額で計上するための証憑です。

現金売上（現　　　　金）2,200　（売　　　　上）2,000
　　　　　　　　　　　　　　　　（仮受消費税）　200

税 抜 き 価 格：¥2,200 ÷（1 + 0.1）= ¥2,000
消 費 税 額：¥2,200 − ¥2,000 = ¥200

クレジット売上（クレジット売掛金） 7,040 　（売　　　　上） 6,400

　　　　　　　　　　　　　　　　　　　（仮 受 消 費 税） 　640

クレジット売上分：¥9,240 − ¥2,200 = ¥7,040
税 抜 き 価 格：¥7,040 ÷（1 + 0.1）= ¥6,400
消 費 税 額：¥7,040 − ¥6,400 = ¥640

解答の仕訳は、2つの仕訳をまとめたものです。

 POINT!

税込み価格から税抜き価格を求める

税抜き価格から税込み価格を求める場合

　　　¥1,000 ×（1 + 0.1）= ¥1,100

と計算します。（税抜価格：¥1,000、消費税率：10%とする）

また、反対に、税込み価格から税抜き価格を求める場合、

　　　¥1,100 ÷（1 + 0.1）= ¥1,000

と計算します。

つまり、正反対の行為のため、税込み価格を1.1で割ることに
なる、と考えましょう。

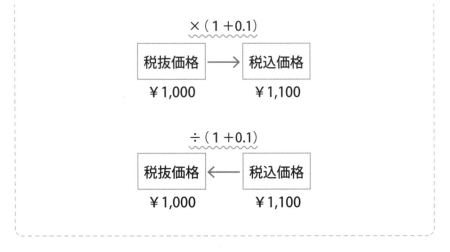

（3）固定資産を賃貸により借り受ける契約を結んだ場合の仕訳です。支払額はそれぞれ、仲介手数料¥150,000は**支払手数料勘定（費用）**、敷金・保証金¥900,000は**差入保証金勘定（資産）**で、賃料¥300,000は**支払家賃勘定（費用）**で処理します。なお、敷金や保証金のように、第三者に預けたお金はいずれ戻ってくると考えるため、資産として処理します。

（4）**仮払金**の精算時の処理です。従業員に仮払いした¥50,000のうち、実際に使った¥43,810は**旅費交通費勘定（費用）**の借方に記入します。また、仮払額との差額¥6,190は現金勘定の借方に記入します。最後に仮払金勘定の貸方に¥50,000と記入します。

第 2 問対策のページ 解答・解説

part 1
伝票会計

問題 1

 解答

(1) 取引を分解して起票する方法

入　金　伝　票	
売　　　　上	4,000

振　替　伝　票			
売　掛　金	6,000	売　　　　上	6,000

(2) いったん全額を掛け取引として起票する方法

入　金　伝　票	
売　掛　金	4,000

振　替　伝　票			
売　掛　金	10,000	売　　　　上	10,000

🔍 解 説

本来の取引の仕訳

（現　　　金）　4,000　　（売　　　　上）　10,000
（売　掛　金）　6,000

この取引は1枚の伝票に記入することはできません。そのため、入金伝票と振替伝票に分けて記入を行います。その記入方法には（1）取引を分解して起票する方法と、（2）いったん全額を掛け取引として記帳する方法の2つがあります。

（1）取引を分解して起票する方法

この方法では、現金売上の取引と掛け売上の取引の2つに分解してそれぞれの伝票に記録します。

入 金 伝 票 （現　　　金）　4,000　　（売　　　　上）　4,000
＋
振 替 伝 票 （売　掛　金）　6,000　　（売　　　　上）　6,000

（2）いったん全額を掛け取引として記帳する方法

この方法では、いったん全額を掛け売上として振替伝票に記入します。次に一部の売掛金について、即座に現金で回収した、と考えて入金伝票を作成する方法です。

振 替 伝 票 （売　掛　金）　10,000　　（売　　　　上）　10,000
＋
入 金 伝 票 （現　　　金）　4,000　　（売　掛　金）　4,000

問 題 2

解 答

（1）

	振 替 伝 票		
売　掛　金	6,000	売　　　上	6,000

（2）

	振 替 伝 票		
売　掛　金	10,000	売　　　上	10,000

🔍 解 説

解くための手順：

1) 本来の取引の仕訳を書き出す

2) 入金伝票の仕訳を書き出す

3) 1) から 2) を差し引いて、振替伝票の仕訳を書き出す

仕訳を記入する方法には、**(1) 取引を分解して起票する方法**と、**(2) いったん全額を掛け取引として記帳する方法**の 2 つがあります。

(1) 取引を分解して起票する方法

本来の取引	（現		金）	4,000	（売		上）	10,000
	（売	掛	金）	6,000				
入 金 伝 票	（現		金）	4,000	（売		上）	4,000 （－
振 替 伝 票	（売	掛	金）	**6,000**	（売		上）	**6,000**

売掛金：¥6,000 － 0 ＝ **¥6,000**

現　金：¥4,000 － ¥4,000 ＝ 0

売　上：¥10,000 － ¥4,000 ＝ **¥6,000**

(2) いったん全額を掛け取引として記帳する方法

本来の取引	（現		金）	4,000	（売		上）	10,000
	（売	掛	金）	6,000				
振 替 伝 票	（現		金）	4,000	（売 掛	金）		4,000 （－
入 金 伝 票	（売	掛	金）	10,000	（売		上）	10,000

売掛金：¥6,000 － （－ ¥4,000） ＝ **¥10,000**

現　金：¥4,000 － ¥4,000 ＝ 0

売　上：¥10,000 － 0 ＝ **¥10,000**

part 2
商品有高帳

問題 3

 解 答

(1)

	借方科目	金　額	貸方科目	金　額
11 月 3 日	仕　　　　入	8,800	買　　掛　　金	8,800
11 月 10 日	仕　　　　入	3,400	買　　掛　　金	3,400
11 月 11 日	買　　掛　　金	340	仕　　　　入	340
11 月 12 日	売　　掛　　金	12,600	売　　　　上	12,600
11 月 24 日	売　　掛　　金	2,400	売　　　　上	2,400

(2)

商 品 有 高 帳《先入先出法》
SD カード

日付		摘　　要	受入欄			払出欄			残高欄		
			数量	単価	金額	数量	単価	金額	数量	単価	金額
11	1	前月繰越	20	100	2,000				20	100	2,000
	3	仕 入 れ	80	110	8,800				┌20	100	2,000
									└80	110	8,800
	12	販　　売				┌20	100	2,000			
						└50	110	5,500	30	110	3,300

商 品 有 高 帳 《移動平均法》
SD カード

日付		摘要	受入欄			払出欄			残高欄		
			数量	単価	金額	数量	単価	金額	数量	単価	金額
11	1	前月繰越	20	100	2,000				20	100	2,000
	3	仕 入 れ	80	110	8,800				100	108	10,800
	12	販　　売				70	108	7,560	30	108	3,240

🔍 解 説

1. 先入先出法

11月3日の残高欄:

❶ 1日の「20個、@¥100、¥2,000」を1段下の行に転記する

❷ 3日仕入分「80個、@¥110、¥8,800」をその下に記入する

11月12日の払出欄:

❶ まず先に仕入れた「20個、@¥100、¥2,000」を記入する

❷ 3日仕入分のうち50個について「50個、@¥110、¥5,500」を1段下に記入する

2. 移動平均法

11月3日の残高欄:

$$@¥108 = \frac{¥2,000 + ¥8,800}{20個 + 80個}$$

11月12日の払出欄:

3日の残高欄の@¥108を払出単価とします。

「70個、@¥108、¥7,560」と記入する

part 3
勘定記入

勘定記入の前提となる一連の仕訳がカギです。一連の仕訳を書き出してみましょう。

問 題 4

 解 答

	借方科目	金 額	貸方科目	金 額
X2 年 3 月 31 日	前 払 保 険 料	300	保 険 料	300
〃	損 益	900	保 険 料	900
X2 年 4 月 1 日	保 険 料	300	前 払 保 険 料	300
X2 年 7 月 1 日	保 険 料	1,200	現 金	1,200
X3 年 3 月 31 日	前 払 保 険 料	300	保 険 料	300
〃	損 益	1,200	保 険 料	1,200

保 険 料 （前 期）

7/1 現 金	1,200	3/31 前 払 保 険 料	300
		〃 損 益	900
	1,200		1,200

前 払 保 険 料

3/31 保 険 料	300	3/31 次 期 繰 越	300
4/1 前 期 繰 越	300	4/1 保 険 料	300
3/31 保 険 料	300	3/31 次 期 繰 越	300
	600		600

保　険　料（当　期）

4/1	前払保険料	300	3/31	前払保険料	300
7/1	現　　　金	1,200	〃	損　　　益	1,200
		1,500			1,500

🔍 解　説

X 3 年 3 月 31 日：

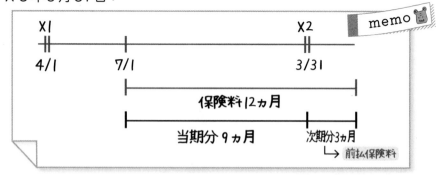

前 払 保 険 料： ￥1,200 ÷ 12 ヵ月 × 3 ヵ月 ＝ ￥300

損益（当期保険料）： ￥1,200 － ￥300 ＝ ￥900

X 3 年 3 月 31 日：

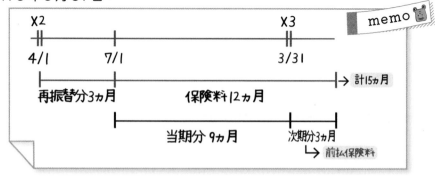

前 払 保 険 料： ￥1,500 ÷ 15 ヵ月 × 3 ヵ月 ＝ ￥300

損益（当期保険料）： ￥1,500 － ￥300 ＝ ￥1,200

第 3 問対策のページ 解答・解説

part 1
厳選！決算整理仕訳

【未処理事項の修正仕訳】

 問 題 1

🖊 解 答

精 算 表

勘 定 科 目	残 高 試 算 表 借 方	残 高 試 算 表 貸 方	修 正 記 入 借 方	修 正 記 入 貸 方	損 益 計 算 書 借 方	損 益 計 算 書 貸 方	貸 借 対 照 表 借 方	貸 借 対 照 表 貸 方
現 金	12,000			1,000			11,000	
雑 （ 損 ）			1,000		1,000			

🔍 解 説

現金帳簿残高＞現金実際残高のため、現金勘定の貸方に記入して¥1,000 を
差し引くとともに、**雑損勘定（費用）** の借方に記入します。

　決算修正仕訳 （ 雑 　 損 ） 1,000 　（ 現 　 金 ） 1,000

問 題 2

解 答

精 算 表

勘 定 科 目	残 高 試 算 表 借 方	残 高 試 算 表 貸 方	修 正 記 入 借 方	修 正 記 入 貸 方	損 益 計 算 書 借 方	損 益 計 算 書 貸 方	貸 借 対 照 表 借 方	貸 借 対 照 表 貸 方
現 金 過 不 足	5,000			5,000				
仮 受 金		6,000	6,000					
雑 （ 益 ）				1,000		1,000		

解 説

仮受金と現金過不足を相殺するため、**仮受金勘定（負債）**の借方に¥6,000
と記入し、さらに**現金過不足勘定**の貸方に記入します。差額は指示の通り、
雑益勘定（収益）の貸方に記入します。

決算修正仕訳 （仮 受 金） 6,000 （現金過不足） 5,000

（雑 益） 1,000

問 題 3

解 答

精 算 表

勘 定 科 目	残 高 試 算 表 借 方	残 高 試 算 表 貸 方	修 正 記 入 借 方	修 正 記 入 貸 方	損 益 計 算 書 借 方	損 益 計 算 書 貸 方	貸 借 対 照 表 借 方	貸 借 対 照 表 貸 方
土 地	15,000						15,000	
買 掛 金		113,000	3,000					110,000
未 払 金				3,000				3,000

解説

土地を購入する際の未払額は、**買掛金勘定（負債）**ではなく、**未払金勘定（負債）**を用いて処理すべきです。そのため、買掛金勘定の借方に¥3,000と記入して取り消すとともに、未払金勘定の貸方に¥3,000と記入して修正します。

決算修正仕訳（買　掛　金）　3,000　（未　払　金）　3,000

問 題 4

解 答

精　算　表

勘 定 科 目	残 高 試 算 表 借　方	貸　方	修　正　記　入 借　方	貸　方	損 益 計 算 書 借　方	貸　方	貸 借 対 照 表 借　方	貸　方
売　　掛　　金	11,000			2,000			9,000	
買　　掛　　金		100,000						100,000
仮　　受　　金		2,000	2,000					

解 説

内容不明の入金があった際、次のように処理していました。

入 金 時：（現　　　　　金）　2,000　（仮　受　金）　2,000

本日売掛金の回収と判明したため、適切に処理します。

決算修正仕訳（仮　受　金）　2,000　（売　掛　金）　2,000

問 題 5

解 答

精 算 表

勘 定 科 目	残 高 試 算 表 借 方	残 高 試 算 表 貸 方	修 正 記 入 借 方	修 正 記 入 貸 方	損 益 計 算 書 借 方	損 益 計 算 書 貸 方	貸 借 対 照 表 借 方	貸 借 対 照 表 貸 方
通 信 費	8,000			500	7,500			
租 税 公 課	11,000			800	10,200			
(貯 蔵 品)			1,300				1,300	

解 説

期中に通信費勘定及び租税公課勘定で処理した中で、決算日に未使用分があることが判明したため、貯蔵品勘定に振り替えます。

問 題 6

解 答

精 算 表

勘 定 科 目	残 高 試 算 表 借 方	残 高 試 算 表 貸 方	修 正 記 入 借 方	修 正 記 入 貸 方	損 益 計 算 書 借 方	損 益 計 算 書 貸 方	貸 借 対 照 表 借 方	貸 借 対 照 表 貸 方
普 通 預 金	15,000		200				15,200	
仮 払 金	5,000			5,000				
旅 費 交 通 費	8,000		4,800		12,800			

解 説

期中に仮払いを行い、すでに精算をしていましたが、そのことが未処理であったため、決算日において処理します。

決算修正仕訳 (旅 費 交 通 費)　4,800　(仮 払 金)　5,000

　　　　　　　　　　　　　(現 　　　　金)　　200

 問 題 7

 解 答

精 算 表

勘 定 科 目	残 高 試 算 表		修 正 記 入		損 益 計 算 書		貸 借 対 照 表	
	借 方	貸 方	借 方	貸 方	借 方	貸 方	借 方	貸 方
現 　　　　金	28,000						28,000	
売 　掛 　金	35,000			2,000			33,000	
前 　受 　金		2,000	2,000					

解 説

前受金勘定は、商品の手付金を処理する勘定です。この場合は、売掛金の回収だったため、修正を行います。

決算修正仕訳 (前 　受 　金)　2,000　(売 　掛 　金)　2,000

問 題 8

解 答

精 算 表

勘 定 科 目	残 高 試 算 表		修 正 記 入		損 益 計 算 書		貸 借 対 照 表	
	借 方	貸 方	借 方	貸 方	借 方	貸 方	借 方	貸 方
売 　　　　上		35,000	3,000			32,000		
(前 受 金)		2,000		3,000				5,000

🔍 解 説

前受金勘定は商品の手付金を処理する勘定です。しかし誤って売上に計上しているため修正します。

決算修正仕訳 （ 売　　　　上 ）　3,000　　（ 前　受　金 ）　3,000

問 題 9

✏️ 解 答

精 算 表

勘 定 科 目	残 高 試 算 表		修 正 記 入		損 益 計 算 書		貸 借 対 照 表	
	借 方	貸 方	借 方	貸 方	借 方	貸 方	借 方	貸 方
仮 払 金	12,000			12,000				
（ 備 品 ）			12,000				12,000	
減 価 償 却 費			800		800			
減価償却累計額				800				800

🔍 解 説

備品を購入したが、備品勘定ではなく仮払金勘定で処理していることが判明しました。そのため、備品勘定の借方に¥12,000を記入するとともに、仮払金勘定の貸方に記入して修正します。

また、減価償却費は、12月1日から翌年3月31日までの4ヵ月分を月割計算により計上します。

決算修正仕訳 （ 備　　　　品 ） 12,000　　（ 仮　払　金 ） 12,000
　　　　　　　（ 減 価 償 却 費 ）　　800　　（ 減価償却累計額 ）　　800

減価償却費：

$$¥12,000 \times \frac{1年}{5年} \times \frac{4ヵ月}{12ヵ月} = ¥800$$

問 題 10

解 答

精 算 表

勘 定 科 目	残 高 試 算 表 借 方	残 高 試 算 表 貸 方	修 正 記 入 借 方	修 正 記 入 貸 方	損 益 計 算 書 借 方	損 益 計 算 書 貸 方	貸 借 対 照 表 借 方	貸 借 対 照 表 貸 方
繰 越 商 品	3,000		2,000	3,000			2,000	
買 掛 金		18,000	700					17,300
仕 入	100,000		3,000	700	100,300			
				2,000				

解 説

最初に未処理であった返品の処理が必要です。そのうえで、売上原価算定の仕訳を行います。

決算修正仕訳 （買 掛 金）　700　（仕　　　　入）　700

（仕　　　　入）　3,000　（繰 越 商 品）　3,000

（繰 越 商 品）　2,000　（仕　　　　入）　2,000

問 題 11

解 答

精 算 表

勘 定 科 目	残 高 試 算 表 借 方	残 高 試 算 表 貸 方	修 正 記 入 借 方	修 正 記 入 貸 方	損 益 計 算 書 借 方	損 益 計 算 書 貸 方	貸 借 対 照 表 借 方	貸 借 対 照 表 貸 方
未 払 金				1,000				1,000
発 送 費	5,000		1,000		6,000			

当月分の発送費を翌月に支払う契約のため、当月分の発送費が計上されていません。そのため、**発送費勘定**の借方に¥1,000と記入するとともに、現金では支払っていないため、**未払金勘定（負債）**の貸方に記入します。

決算修正仕訳　（発　送　費）　1,000　（未　払　金）　1,000

問題12

✎ 解 答

精　算　表

勘 定 科 目	残 高 試 算 表		修　正　記　入		損 益 計 算 書		貸 借 対 照 表	
	借　方	貸　方	借　方	貸　方	借　方	貸　方	借方	貸方
仮 払 金	2,000			2,000				
（前 払）家賃			2,000				2,000	

🔍 解 説

仮払金は、家賃の支払い分でしたが、来年度分であることが判明したため、**前払家賃勘定（資産）**の借方に記入するとともに、**仮払金勘定**の貸方に記入します。

決算修正仕訳　（前 払 家 賃）　2,000　（仮　払　金）　2,000

【決算整理仕訳】

問 題 1

 解 答

精 算 表

勘 定 科 目	残 高 試 算 表 借 方	残 高 試 算 表 貸 方	修 正 記 入 借 方	修 正 記 入 貸 方	損 益 計 算 書 借 方	損 益 計 算 書 貸 方	貸 借 対 照 表 借 方	貸 借 対 照 表 貸 方
繰 越 商 品	3,000		2,000	3,000			2,000	
仕　　　　入	10,000		3,000	2,000	11,000			

 解 説

売上原価算定のための決算整理仕訳を行います。1つ目の仕訳は期首商品棚卸高¥3,000（試算表上の残高）で行い、2つ目の仕訳は期末商品棚卸高¥2,000で行います。

決算整理仕訳（仕　　　　入）　3,000　（繰　越　商　品）　3,000
　　　　　　　　（繰　越　商　品）　2,000　（仕　　　　入）　2,000

問 題 2

解 答

精 算 表

勘 定 科 目	残 高 試 算 表 借 方	残 高 試 算 表 貸 方	修 正 記 入 借 方	修 正 記 入 貸 方	損 益 計 算 書 借 方	損 益 計 算 書 貸 方	貸 借 対 照 表 借 方	貸 借 対 照 表 貸 方
備　　　　品	18,000						18,000	
減価償却累計額		4,000		2,250				6,250
減 価 償 却 費			2,250		2,250			

解 説

備品について減価償却費を計上する決算整理仕訳を行います。備品のうち¥6,000は期中に取得したため、月割計算によって3ヵ月分の減価償却費を計算します。

決算整理仕訳 （減 価 償 却 費） 2,250 （減価償却累計額） 2,250

当期取得分の備品の減価償却費：

$$¥6,000 \times \frac{1年}{6年} \times \frac{3ヵ月}{12ヵ月} = ¥250$$

上記以外の備品の減価償却費：

$$(¥18,000 - ¥6,000) \times \frac{1年}{6年} = ¥2,000$$

$$¥250 + ¥2,000 = ¥2,250$$

問 題 3

解 答

精 算 表

勘 定 科 目	残 高 試 算 表 借 方	貸 方	修 正 記 入 借 方	貸 方	損 益 計 算 書 借 方	貸 方	貸 借 対 照 表 借 方	貸 方
受 取 手 形	4,000						4,000	
売 掛 金	6,000						6,000	
貸 倒 引 当 金		100		200				300
貸倒引当金繰入			200		200			

解 説

受取手形及び売掛金の期末残高に対して、３％の貸倒れを差額補充法によって計上します。

決算整理仕訳 （貸倒引当金繰入）　　200　　（貸倒引当金）　　200

貸倒予想額：（¥4,000＋¥6,000）×３％＝¥300
貸倒引当金繰入額：¥300－¥100＝¥200

問 題 ４

解 答

精 算 表

勘 定 科 目	残 高 試 算 表		修 正 記 入		損 益 計 算 書		貸 借 対 照 表	
	借 方	貸 方	借 方	貸 方	借 方	貸 方	借 方	貸 方
貸 付 金	10,000						10,000	
受 取 利 息				40		40		
（未 収）利息			40				40	

解 説

X2年12月１日から翌年３月31日までの４ヵ月分の利息を未収利息として計上します。

決算整理仕訳 （未 収 利 息）　　40　　（受 取 利 息）　　40

$$¥10,000 \times 1.2\% \times \frac{4\,ヵ月}{12\,ヵ月} = ¥40$$

解 答

精 算 表

勘 定 科 目	残高試算表 借 方	残高試算表 貸 方	修 正 記 入 借 方	修 正 記 入 貸 方	損益計算書 借 方	損益計算書 貸 方	貸借対照表 借 方	貸借対照表 貸 方
支 払 家 賃	4,800			200	4,600			
（前 払）家賃			200				200	

解 説

X1年11月1日に支払った6ヵ月分の家賃のうち、5ヵ月分（X1年11月1日からX2年3月31日まで）は当期分です。そのため、次期の1ヵ月分を前払家賃として計上します。

決算整理仕訳 （前 払 家 賃）　　200　　（支 払 家 賃）　　200

$$¥1,200 \times \frac{1 \text{ヵ月}}{6 \text{ヵ月}} = ¥200$$

part 2
精算表作成問題の対策

問　題

 解　答

（1）決算修正仕訳

	仕		訳	
	借方科目	金　　額	貸方科目	金　　額
1	当 座 預 金	12,000	受 取 手 形	12,000
2	雑　　　　損	2,000	現　　　　金	2,000
3	貸倒引当金繰入	600	貸 倒 引 当 金	600
4	仕　　　　入	14,000	繰 越 商 品	14,000
	繰 越 商 品	17,000	仕　　　　入	17,000
5	減 価 償 却 費	12,600	備品減価償却累計額	12,600
6	支 払 利 息	560	未 払 利 息	560
7	前 払 家 賃	8,400	支 払 家 賃	8,400

(2)

精 算 表

勘定科目	残高試算表 借方	残高試算表 貸方	修正記入 借方	修正記入 貸方	損益計算書 借方	損益計算書 貸方	貸借対照表 借方	貸借対照表 貸方
現　　　　金	56,000			2,000			54,000	
当 座 預 金	84,000		12,000				96,000	
受 取 手 形	45,000			12,000			33,000	
売 　掛　 金	67,000						67,000	
繰 越 商 品	14,000		17,000	14,000			17,000	
備　　　　品	140,000						140,000	
支 払 手 形		40,000						40,000
買 　掛　 金		58,000						58,000
借 　入　 金		112,000						112,000
貸 倒 引 当 金		1,400		600				2,000
資 　本　 金		140,000						140,000
繰越利益剰余金		32,600						32,600
売　　　　上		400,000				400,000		
仕　　　　入	294,000		14,000	17,000	291,000			
給　　　　料	51,240				51,240			
支 払 家 賃	29,400			8,400	21,000			
支 払 利 息	3,360		560		3,920			
計	784,000	784,000						
雑 （ 損 ）			2,000		2,000			
貸倒引当金繰入			600		600			
減 価 償 却 費			12,600		12,600			
備品減価償却累計額				12,600				12,600
未 払 利 息				560				560
前 払 家 賃			8,400				8,400	
当期純（利益）					17,640			17,640
			67,160	67,160	400,000	400,000	415,400	415,400

解　説

１．未処理事項

約束手形の取り立てが未処理だったため、処理を行います。

（ 当 座 預 金 ）　　12,000　　（ 受 取 手 形 ）　　12,000

受取手形が減少したため、**貸倒れの見積りに影響**します。注意してください。

２．決算日に生じた現金過不足の処理

決算日に現金過不足が発生しました。このとき**現金過不足勘定に振り替えないで、直接に現金を増加・減少**させます。

（ 雑　　　　　 損 ）　　 2,000　　（ 現　　　　　 金 ）　　 2,000

３．貸倒れの見積り

受取手形及び売掛金期末残高の２％の貸倒れを差額補充法によって見積もります。このとき、未処理事項の¥12,000が影響します。

貸 倒 予 想 額：(¥45,000 − ¥12,000 + ¥67,000) × 2% ＝ ¥2,000

貸倒引当金繰入：¥2,000 − ¥1,400 ＝ ¥600

（ 貸倒引当金繰入 ）　　 600　　（ 貸 倒 引 当 金 ）　　 600

４．売上原価の算定

（ 仕　　　　　 入 ）　　14,000　　（ 繰 越 商 品 ）　　14,000
（ 繰 越 商 品 ）　　17,000　　（ 仕　　　　　 入 ）　　17,000

５．減価償却

$$減価償却費：\frac{¥140,000 - ¥140,000 \times 10\%}{10年} = ¥12,600$$

（ 減 価 償 却 費 ）　　12,600　　（ 減価償却累計額 ）　　12,600

６．経過勘定（未払費用）

当期の利息で未払いとなっているため計上されていないのは１ヵ月分です。

《未払利息の計算》

年 間 利 息：¥112,000 × 6 ％ ＝ ¥6,720

ひと月の利息：¥6,720 ÷ 12 ＝ ¥560

未 払 利 息：¥560 × 1 ヵ月＝ ¥560

（ 支 払 利 息 ）　　560　　（ 未 払 利 息 ）　　560

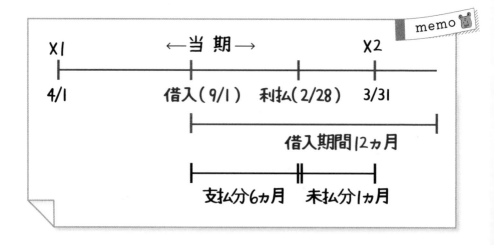

7．経過勘定（前払費用）

当期に支出した支払家賃の中で来年度分は 4 ヵ月分です。そこで、この 4 ヵ月分を前払費用として繰り延べます。

《前払家賃の計算》

6 ヵ月分の家賃：¥12,600（問題資料から）

ひと月の利息：¥12,600 ÷ 6 ＝ ¥2,100

前 払 家 賃：¥2,100 × 4 ヵ月＝¥8,400

（ 前 払 家 賃 ） 8,400 （ 支 払 家 賃 ） 8,400

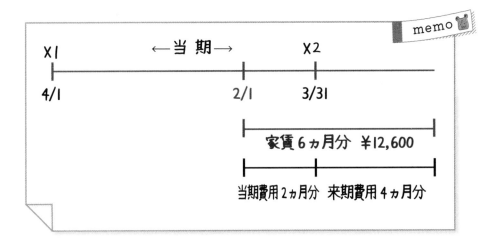

本書は1週間で学べるように作られています

ここでは、受験生を次のタイプに分けて1週間で合格する本書の活用方法を提示しています。

タイプ1 | テキストの学習は終了したが、問題集はこれからという方

タイプ2 | 最後の総仕上げをしようという方

タイプ1の方へ

まだまだ問題そのものを解き慣れていないと見受けられます。そのため第1問の仕訳問題だけ、第3問の決算問題だけというように、横に解く方法で実力養成を図りながら、合格力を身につけてください。

Day1 ▶	Day 2 ▶	Day3 ▶	Day4 ▶
第1問対策	模試第2回・第1問	第2問対策	模試第3回・第2問
模試第1回・第1問	模試第3回・第1問	模試第1回・第2問	第3問対策
		模試第2回・第2問	

Day 5 ▶	Day 6 ▶	Day 7 ▶
模試第1回・第3問	模試第3回・第3問	DL予想模試（通し）
模試第2回・第3問		

タイプ2の方へ

まずは基本事項のチェックのため、第1問対策から始めて第3問対策までを行いましょう。さらに4回分の模試を時間を測って解き、本番に備えてのシミュレーションを行ってください。

Day1 ▶	Day 2 ▶	Day3 ▶	Day4 ▶
第1問対策	第2問対策	第3問対策	模試第1回

Day 5 ▶	Day 6 ▶	Day 7 ▶
模試第2回	模試第3回	DL予想模試

第2部

日商簿記
模擬試験問題集

	第1問  20分	この順序で解く
解答時間 （目安）	第3問 25分	
	第2問 15分	↓

60分で
合格点を目指せ！

▶第1問（45点）　問題用紙

まずは易しめの
問題から

下記の各取引について仕訳しなさい。ただし、勘定科目は、各取引の下の勘定科目から最も適当と思われるものを選び、答案用紙の（　　）に記号で解答すること。

1．建物（取得原価￥1,008,000、減価償却累計額￥399,000 残存価額￥0、耐用年数8年、定額法により償却、間接法により記帳）が不要になったので、￥590,000 で売却し、代金は翌月末に当社の普通預金口座に振り込まれることとなった。

　　ア 普 通 預 金　　イ 未 収 入 金　　ウ 建　　　　　　物
　　エ 減価償却累計額　　オ 固定資産売却益　　カ 固定資産売却損

2．営業用の倉庫を￥4,000,000 で購入し、代金は仲介手数料￥100,000 とともに月末に支払うこととした。

　　ア 当 座 預 金　　イ 建　　　　　物　　ウ 買　　掛　　金
　　エ 未　　払　　金　　オ 仕　　　　　入　　カ 支 払 手 数 料

3．先週末に掛けで仕入れた商品 20 個（@￥30,000）のうち、本日、5分の1を返品し、代金は掛け代金から控除した。

　　ア 仕　　　　　入　　イ 現　　　　　金　　ウ 売　　掛　　金
　　エ 売　　　　　上　　オ 買　　掛　　金　　カ 当 座 預 金

▶ 第1問（45点） 答案用紙

借	方	貸	方
記　号	金　額	記　号	金　額
（　　）		（　　）	
（　　）		（　　）	
（　　）		（　　）	
（　　）		（　　）	
（　　）		（　　）	
（　　）		（　　）	
（　　）		（　　）	
（　　）		（　　）	
（　　）		（　　）	
（　　）		（　　）	
（　　）		（　　）	
（　　）		（　　）	

1
2
3

4．店舗における1日分の売上の仕訳を行うにあたり、集計結果は次のとおりであった。消費税は税抜方式によって処理する。クレジット手数料は、代金回収時に認識する。なお、合計額のうち、¥88,000は現金で受け取り、残額はクレジットカード決済であった。信販会社への手数料は考慮しなくてよい。

売上集計表

X3年12月20日

品　　　物	数　量	単　価	金　　額
高級羽毛布団	10	28,000	¥280,000
快眠低反発枕	15	12,000	¥180,000
計			¥460,000
	消費税		¥46,000
	合　計		¥506,000

ア 現　　　　　金　イ 売　　掛　　金　ウ クレジット売掛金
エ 仮 受 消 費 税　オ 売　　　　　上　カ 支 払 手 数 料

5．得意先からの売掛金の回収として、¥30,000の郵便為替証書と同店振出の小切手¥30,000を受け取った。

ア 現　　　　　金　イ 当 座 預 金　ウ 受 取 手 形
エ 売　　掛　　金　オ 受 取 利 息　カ 通　　信　　費

6．消費税¥55,300を現金にて納付した。なお、消費税の記帳は税抜方式によっている。

ア 現　　　　　金　イ 当 座 預 金　ウ 仮 払 消 費 税
エ 仮 受 消 費 税　オ 未 払 消 費 税

	借　　方		貸　　方	
	記　　号	金　　額	記　　号	金　　額
4	(　　　　)		(　　　　)	
	(　　　　)		(　　　　)	
	(　　　　)		(　　　　)	
	(　　　　)		(　　　　)	
5	(　　　　)		(　　　　)	
	(　　　　)		(　　　　)	
	(　　　　)		(　　　　)	
	(　　　　)		(　　　　)	
6	(　　　　)		(　　　　)	
	(　　　　)		(　　　　)	
	(　　　　)		(　　　　)	
	(　　　　)		(　　　　)	

7．得意先徳島商事から、前期に貸倒れとして処理した受取手形￥500,000のうち￥240,000が回収され、普通預金口座に振り込まれたが、誤って貸方を雑収入と処理していたことが判明したので、本日これを訂正する。訂正にあたっては、取引記録のすべてを訂正する方法ではなく、記録の誤りのみを部分的に修正する方法によること。

　　　ア 売　　掛　　金　　イ 雑　　収　　入　　ウ 償却債権取立益
　　　エ 受　取　手　形　　オ 普　通　預　金　　カ 当　座　預　金

8．今月分の従業員に対する給料￥680,000につき、所得税の源泉徴収分￥102,000及び社会保険料の従業員負担分￥80,000を控除し、各従業員の指定する銀行預金口座へ当社の普通預金から振り込んで支給した。

　　　ア 当　座　預　金　　イ 普　通　預　金　　ウ 所得税預り金
　　　エ 社会保険料預り金　　オ 給　　　　　料　　カ 租　税　公　課

9．得意先が倒産し、売掛金￥180,000（前期販売分）のうち￥45,000は、かねて注文を受けた際に受け取っていた手付金と相殺し、残額は貸倒れとして処理した。なお、貸倒引当金の残高は￥100,000である。

　　　ア 売　　掛　　金　　イ 前　　払　　金　　ウ 買　　掛　　金
　　　エ 前　　受　　金　　オ 貸倒引当金　　カ 貸　倒　損　失

10．従業員が出張から帰社し、旅費の残額￥15,000を現金で受け取った。なお、出張にあたり旅費概算額￥80,000を渡していた。

　　　ア 現　　　　　金　　イ 立　　替　　金　　ウ 仮　　払　　金
　　　エ 未　　払　　金　　オ 旅　費　交　通　費　　カ 損　　　　　益

	借　　　方		貸　　　方	
	記　　号	金　　額	記　　号	金　　額
7	(　　　　)		(　　　　)	
	(　　　　)		(　　　　)	
	(　　　　)		(　　　　)	
	(　　　　)		(　　　　)	
8	(　　　　)		(　　　　)	
	(　　　　)		(　　　　)	
	(　　　　)		(　　　　)	
	(　　　　)		(　　　　)	
9	(　　　　)		(　　　　)	
	(　　　　)		(　　　　)	
	(　　　　)		(　　　　)	
	(　　　　)		(　　　　)	
10	(　　　　)		(　　　　)	
	(　　　　)		(　　　　)	
	(　　　　)		(　　　　)	
	(　　　　)		(　　　　)	

11. 得意先福島商事株式会社より注文のあった商品￥200,000（原価￥140,000）を発送し、代金のうち￥60,000は注文時に受け取った手付金と相殺し、残額は同店振り出しの約束手形で受け取った。なお、商品の発送費用（当社負担）￥6,000を運送会社に現金で支払った。

ア 現　　　　　金　イ 売　　掛　　金　ウ 受　取　手　形
エ 前　受　　金　オ 売　　　　　上　カ 発　　送　　費

12. 東京商事株式会社は、事務用の物品を購入し、代金は月末に支払うことにした。なお、品物ともに以下の請求書を受け取っている。

請 求 書

東京商事株式会社　御中

川崎 OA 商会株式会社

品　　　物	数　量	単　価	金　　額
カラーインクカートリッジ	10	5,000	￥50,000
コピー用紙	30	2,000	￥60,000
ボールペン（12本入）	10	1,500	￥15,000
送　料	―	―	￥2,500
		合　計	￥127,500

X3年5月31日までに合計額を下記口座へお振り込みください。
東京中央銀行新川崎支店　当座11122233　カワサキオーエーショウカイ（カ

ア 現　　　　　金　イ 買　　掛　　金　ウ 未　払　　金
エ 売　　　　　上　オ 仕　　　　　入　カ 消　耗　品　費

	借 方		貸 方	
	記　号	金　額	記　号	金　額
11	(　　　　)		(　　　　)	
	(　　　　)		(　　　　)	
	(　　　　)		(　　　　)	
	(　　　　)		(　　　　)	
12	(　　　　)		(　　　　)	
	(　　　　)		(　　　　)	
	(　　　　)		(　　　　)	
	(　　　　)		(　　　　)	

13. 本日、取引先である沖縄商事株式会社に対する買掛金￥235,000及び売掛金￥160,000の決済日につき、同社の承諾を得て両者を相殺処理するとともに、買掛金の超過分￥75,000は小切手を振り出して支払った。

　　ア 現　　　　　金　イ 当　座　預　金　ウ 電 子 記 録 債 権
　　エ 売　　掛　　金　オ 電 子 記 録 債 務　カ 買　　　掛　　　金

14. 常磐商店に対する貸付金￥200,000を、3ヵ月分の利息とともに、同店振出しの小切手で受取り、ただちに当座預金に預入れた。なお、利息は年利7.3％である。

　　ア 現　　　　　金　イ 当　座　預　金　ウ 貸　　付　　金
　　エ 受　取　利　息　オ 支　払　利　息

15. 株主総会において、繰越利益剰余金￥1,000,000の一部を次のとおり処分することが承認された。

株主配当金　￥600,000

利益準備金の積立　￥60,000

　　ア 普　通　預　金　イ 未 払 配 当 金　ウ 資　　　本　　　金
　　エ 利 益 準 備 金　オ 繰越利益剰余金　カ 損　　　　　益

	借　　　方		貸　　　方	
	記　　号	金　　額	記　　号	金　　額
13	（　　　　）		（　　　　）	
	（　　　　）		（　　　　）	
	（　　　　）		（　　　　）	
	（　　　　）		（　　　　）	
14	（　　　　）		（　　　　）	
	（　　　　）		（　　　　）	
	（　　　　）		（　　　　）	
	（　　　　）		（　　　　）	
15	（　　　　）		（　　　　）	
	（　　　　）		（　　　　）	
	（　　　　）		（　　　　）	
	（　　　　）		（　　　　）	

▶ 第2問（20点） 問題用紙

まずは易しめの
問題から

[問1] 下記に示した、利益準備金勘定、繰越利益剰余金勘定、損益勘定の①から⑤に当てはまる金額または勘定科目を答えなさい。ただし、勘定科目は、以下の勘定科目から最も適当と思われるものを選び、記号で解答すること。なお、当期はX1年4月1日からX2年3月31日であり、X1年6月19日に定時株主総会を開催している。

ア．利益準備金　　イ．繰越利益剰余金　　ウ．損　　益

利　益　準　備　金

3/31 次 期 繰 越	( )	4/ 1 前 期 繰 越		70,000
		6/19 ( )	(	)
	95,000			95,000

繰 越 利 益 剰 余 金

6/19 利 益 準 備 金	(①)	4/ 1 前 期 繰 越		960,000
〃 未 払 配 当 金	250,000	3/31 (③)	(	④)
3/31 ( )	(②)			
	( )		(	)

損　　　　益

3/31 仕 　 　 入	831,000	3/31 売 　 　 上		1,386,000
〃 給 　 料	210,000			
〃 法人税,住民税及び事業税	51,000			
(⑤)	( )			
	( )		(	)

第 2 問（20 点） 答案用紙

〔問 1 〕

①	②	③	④	⑤
¥	¥		¥	

〔問2〕横浜商会株式会社の次の資料に基づいて、下記（1）から（3）の問いに答えなさい。なお、商品売買取引の記帳は3分法により行っている。

〔資料〕X4年7月中の取引

1日 備品¥600,000を購入し、引取運賃¥20,000を含めた合計額を、小切手を振り出して支払った。

10日 商品¥245,000を仕入れ、注文時に支払った手付金¥45,000を差し引いた残額は約束手形を振り出して支払った。

16日 売掛金¥63,000を現金で回収した。

28日 商品¥560,000を売り上げ、代金のうち¥150,000は現金で受け取り、残額は掛けとした。

（1）1日、10日及び16日の取引が、答案用紙に示されたどの補助簿に記入されるか答えなさい。なお、解答に当たっては、該当するすべての補助簿に〇印を付すこと。

（2）28日の取引について、入金伝票を次のように作成したとき、答案用紙の振替伝票を作成しなさい。なお、3伝票制を採用している。

入 金 伝 票	
科 　 目	金 　 額
売 　 掛 　 金	150,000

（3）7月1日に購入した備品について、残存価額を¥0、耐用年数を5年とする定額法で減価償却を行い、減価償却費を月割りで計上した。3月31日に計上される減価償却費の金額を答えなさい。

[問2]

(1)

	現　金 出納帳	当座預金 出納帳	商　品 有高帳	売掛金 元　　帳	支払手形 記入帳	仕入帳	売上帳	固定資産 台　　帳
1日								
10日								
16日								

(2)

振　替　伝　票			
借方科目	金　　額	貸方科目	金　　額

(3)

3月31日に計上される減価償却費の金額	￥

まずは易しめの
問題から

▶ 第3問（35点） 問題用紙

次の期末修正事項及び決算整理事項にもとづいて、答案用紙の貸借対照表及び損益計算書を完成しなさい。消費税の仮受け・仮払いは、売上取引・仕入取引のみで行うものとし、(2) 決算整理事項の4. 以外は消費税を考慮しない（税抜方式による）。なお、会計期間は令和X1年4月1日から令和X2年3月31日までの1年間である。

(1)

残 高 試 算 表
令和X2年3月31日

借 方	勘 定 科 目	貸 方
129,000	現　　　　金	
405,000	当 座 預 金	
343,000	売　　掛　　金	
140,000	繰 越 商 品	
96,000	仮　　払　　金	
168,000	仮 払 消 費 税	
12,000	仮払法人税等	
840,000	備　　　　品	
1,782,000	土　　　　地	
	買　　掛　　金	415,000
	借　　入　　金	300,000
	仮 受 消 費 税	288,000
	仮　　受　　金	88,000
	貸 倒 引 当 金	400
	備品減価償却累計額	262,500
	資　　本　　金	1,400,000
	繰越利益剰余金	977,100
	売　　　　上	3,850,000
2,100,000	仕　　　　入	
1,260,000	給　　　　料	
210,000	支 払 家 賃	
27,000	水 道 光 熱 費	
44,000	通　　信　　費	
16,000	保　　険　　料	
9,000	支 払 利 息	
7,581,000		7,581,000

(2) 決算整理事項等：

1. 現金の実際残高は ¥124,000 であった。帳簿残高との差額のうち ¥3,000 は水道光熱費の記入漏れであることが判明したが、残額は不明のため、雑損または雑益として処理する。

2. 売掛代金の当座預金口座への入金 ¥25,000 の取引が、誤って借方・貸方ともに ¥52,000 と記帳されていたので、その修正を行った。

3. 仮払金は全額、2月25日に支払った備品購入に係わるものである。この備品は3月1日に納品され、同日から使用しているが、未記帳であった。

4. 商品¥80,000（税抜価格）を販売し、代金は消費税10%を加えた総額について、次のように処理していたので修正する。
   (借方) 現 金 88,000 (貸方) 仮受金 88,000

5. 売掛金の期末残高に対して2%の貸倒引当金を差額補充法により計上する。

6. 期末商品棚卸高は ¥174,000 である。

7. 備品について、残存価額を¥0、耐用年数を8年とする定額法により減価償却を行う。

8. 消費税の処理（税抜方式）を行う。

9. 借入金は令和X1年6月1日に借入期間1年、利率年6%で借り入れたもので、利息は11月末日と返済日に6ヵ月分をそれぞれ支払うことになっている。利息の計算は月割による。

10. 支払家賃のうち ¥90,000 は令和X1年11月1日に向こう6ヵ月分を支払ったものである。そこで、前払分を月割により計上する。

11. 当期の法人税等の金額は ¥30,000 と算定された。

模擬試験第 1 回

第 2 部｜日商簿記模擬試験問題集

模擬試験第 1 回

第 3 問

答案用紙
問題用紙

▶ 第 3 問（35 点） 答案用紙

貸 借 対 照 表
令和 X2 年 3 月 31 日

現　　　　金	（　　　　）	買　掛　金	（　　　　）
当 座 預 金	（　　　　）	借　入　金	（　　　　）
売　掛　金 （　　　）		未払法人税等	（　　　　）
貸倒引当金 (△　　　)	（　　　　）	[　]消費税	（　　　　）
商　　　　品	（　　　　）	未 払 費 用	（　　　　）
[　]費用	（　　　　）	資　本　金	（　　　　）
備　　　品 （　　　）		繰越利益剰余金	（　　　　）
減価償却累計額 (△　　　)	（　　　　）		
土　　　地	（　　　　）		
	（　　　　）		（　　　　）

損 益 計 算 書
令和 X1 年 4 月 1 日から令和 X2 年 3 月 31 日まで

売 上 原 価	（　　　　）	売　上　高	（　　　　）
給　　　料	（　　　　）		
貸倒引当金繰入	7,000		
減 価 償 却 費	（　　　　）		
支 払 家 賃	（　　　　）		
水 道 光 熱 費	（　　　　）		
通　信　費	44,000		
保　険　料	（　　　　）		
支 払 利 息	（　　　　）		
雑 [　　]	（　　　　）		
法 人 税 等	30,000		
当期純 [　]	（　　　　）		
	（　　　　）		（　　　　）

▶ 第1問（45点） 問題用紙

少しレベル上の問題にチャレンジ！

下記の各取引について仕訳しなさい。ただし、勘定科目は、各取引の下の勘定科目から最も適当と思われるものを選び、答案用紙の（　）に記号で解答すること。

1．東京商事株式会社は、商品を仕入れ、代金は後日支払うこととした。なお、品物とともに、以下の納品書を受け取っている。また消費税については、税抜き方式によること。

	納　品　書		
東京商事株式会社　御中			
			大阪商事株式会社

品　　　物	数　量	単　価	金　　額
A社完全ワイヤレスイヤホン	20	7,500	¥150,000
B社 Bluetooth スピーカー	20	10,000	¥200,000
C社ヘッドフォン	10	5,000	¥50,000
		消費税	¥40,000
	合　計		¥440,000

ア 現　　　　　金　イ 仮 払 消 費 税　ウ 仮　　払　　金
エ 未　　払　　金　オ 買　　掛　　金　カ 仕　　　　　入

2．オフィスとして使用していたビルの賃借契約を解約した。契約時に支払った敷金¥600,000 については、原状回復のための費用¥180,000 を差し引かれた残額が普通預金口座に振り込まれた。

ア 普　通　預　金　イ 当　座　預　金　ウ 修　　　繕　　　費
エ 差 入 保 証 金　オ 支　払　利　息　カ 建　　　　　物

▶ 第1問（45点）　答案用紙

	借　　方		貸　　方	
	記　　号	金　　額	記　　号	金　　額
1	（　　　　）		（　　　　）	
	（　　　　）		（　　　　）	
	（　　　　）		（　　　　）	
	（　　　　）		（　　　　）	
2	（　　　　）		（　　　　）	
	（　　　　）		（　　　　）	
	（　　　　）		（　　　　）	
	（　　　　）		（　　　　）	

3．決算日における期首商品棚卸高は￥100,000、当期商品仕入高は￥1,350,000、期末商品棚卸高は￥170,000であり、仕入勘定で算定された売上原価を損益勘定に振り替えた。

ア仕 　　　　　入　イ売　上　原　価　ウ損 　　　　　益
エ立　　替　　金　オ買　　掛　　金　カ支　払　利　息

4．前期の決算において、当座預金勘定の貸方残高￥80,000を当座借越勘定に振り替えていたが、本日（当期首）、再振替記入を行った。

ア現 　　　　　金　イ当　座　預　金　ウ貸　付　　金
エ売 　　　　　上　オ当　座　借　越　カ支　払　手　数　料

5．東京商事株式会社は、事務用の物品をネットで購入し、代金支払額は仮払金勘定で処理していたが、本日、品物ともに、以下の領収証を受け取ったため、適切な勘定に振り替えることにした。

領 収 書

東京商事株式会社　御中

ビッグカメラ株式会社

品　　　物	数　量	単　価	金　　額
BCG社パソコン	4	40,000	￥160,000
21インチモニター	3	20,000	￥60,000
初期設定費用	4	10,000	￥40,000
配　送　料	－	－	￥10,000
	合　計		￥270,000

上記の合計額を領収いたしました。

ア現 　　　　　金　イ当　座　預　金　ウ仮　　払　　金
エ備 　　　　　品　オ未　　払　　金　カ消　耗　品　費

	借	方	貸	方
	記　　号	金　　額	記　　号	金　　額
3	(　　　　)		(　　　　)	
	(　　　　)		(　　　　)	
	(　　　　)		(　　　　)	
	(　　　　)		(　　　　)	
4	(　　　　)		(　　　　)	
	(　　　　)		(　　　　)	
	(　　　　)		(　　　　)	
	(　　　　)		(　　　　)	
5	(　　　　)		(　　　　)	
	(　　　　)		(　　　　)	
	(　　　　)		(　　　　)	
	(　　　　)		(　　　　)	

6．現金の実際有高が帳簿残高より¥12,000 過剰だったため、現金過不足勘定で処理しておいたが、その後原因を調査したところ、通信費の支払額¥3,000 及び利息の受取額¥10,000 が記載漏れとなっていた。残額は原因不明であったため、雑益または雑損として処理する。

ア 現　　　　　金　イ 現 金 過 不 足　ウ 受 　取　 利　 息
エ 雑　　　　　益　オ 通　　信　　費　カ 雑　　　　　　損

7．得意先から先月締めの掛け代金¥200,000 の回収として、振込手数料¥440（当社負担）を差し引かれた残額が当社の当座預金口座に振り込まれた。

ア 当 　座 　預 　金　イ 買　　掛　　金　ウ 売　　　掛　　　金
エ 受 取 手 数 料　オ 発　　送　　費　カ 支 払 手 数 料

8．商品¥200,000 を仕入れ、代金のうち 30％は注文時に支払った手付金と相殺するとともに、残額は約束手形を振り出して支払った。なお、仕入に伴う運送保険料¥2,000 は現金で支払った。

ア 前　　払　　金　イ 現　　　　　金　ウ 支 　払 　手 　形
エ 仕　　　　　入　オ 買　　掛　　金

9．従業員に対する給料の支払いにあたって、給料総額¥360,000 のうち、かねて立替払いしていた従業員負担の生命保険料¥14,000 と、所得税の源泉徴収分¥28,000 を差し引き、残額は普通預金口座より支払った。

ア 租 　税 　公 　課　イ 給　　　　　料　ウ 所 得 税 預 り 金
エ 現　　　　　金　オ 普 　通 　預 　金　カ 従 業 員 立 替 金

	借 方		貸 方	
	記　　号	金　　額	記　　号	金　　額
6	(　　　　)		(　　　　)	
	(　　　　)		(　　　　)	
	(　　　　)		(　　　　)	
	(　　　　)		(　　　　)	
7	(　　　　)		(　　　　)	
	(　　　　)		(　　　　)	
	(　　　　)		(　　　　)	
	(　　　　)		(　　　　)	
8	(　　　　)		(　　　　)	
	(　　　　)		(　　　　)	
	(　　　　)		(　　　　)	
	(　　　　)		(　　　　)	
9	(　　　　)		(　　　　)	
	(　　　　)		(　　　　)	
	(　　　　)		(　　　　)	
	(　　　　)		(　　　　)	

10. 東京株式会社に対する電子記録にかかる債権￥150,000が期日につき決済され、代金が当座預金口座に振り込まれたとの連絡を取引銀行から受けた。

ア 当 座 預 金　イ 売 　 掛 　 金　ウ 電 子 記 録 債 権
エ 買 　 掛 　 金　オ 電 子 記 録 債 務

11. 営業活動で利用する電車及びバスの料金支払用ICカードに現金￥20,000を入金し、領収証の発行を受けた。なお、入金時に全額費用の計上する方法を用いている。

ア 当 座 預 金　イ 旅 費 交 通 費　ウ 通 　 信 　 費
エ 消 耗 品 費　オ 租 税 公 課　カ 現 　 　 金

12. 出張中の従業員から当座預金口座に￥100,000の入金があり、詳細は不明であったが、本日、得意先清水商店からの商品代金の手付金であることが判明した。

ア 仮 　 受 　 金　イ 前 　 払 　 金　ウ 売 　 掛 　 金
エ 買 　 掛 　 金　オ 前 　 受 　 金　カ 当 座 預 金

13. 先月末に、事務用プリンタ￥1,000,000を買入れた際に5回の分割払いとしていたが、本日第1回目の引き落としがあったとの連絡を取引銀行より受けた。

ア 普 通 預 金　イ 備 　 　 品　ウ 支 払 手 形
エ 未 　 払 　 金　オ 未 払 費 用　カ 仕 　 　 入

	借 方		貸 方	
	記　号	金　額	記　号	金　額
10	(　　　)		(　　　)	
	(　　　)		(　　　)	
	(　　　)		(　　　)	
	(　　　)		(　　　)	
11	(　　　)		(　　　)	
	(　　　)		(　　　)	
	(　　　)		(　　　)	
	(　　　)		(　　　)	
12	(　　　)		(　　　)	
	(　　　)		(　　　)	
	(　　　)		(　　　)	
	(　　　)		(　　　)	
13	(　　　)		(　　　)	
	(　　　)		(　　　)	
	(　　　)		(　　　)	
	(　　　)		(　　　)	

14. 所轄税務署より納期の特例承認を受けている源泉徴収所得税の納付として1月から6月までの合計税額¥70,000を、納付書とともに銀行において現金で納付した。

ア 受 取 手 形　イ 所 得 税 預 り 金　ウ 買　　掛　　金
エ 現　　　　　金　オ 支 払 手 形　カ 当 座 預 金

15. 商品¥32,000を販売し、代金は信販会社が発行している商品券¥40,000で受け取り、おつりは現金で支払った。

ア 現　　　　　金　イ 当 座 預 金　ウ 売　　掛　　金
エ 受 取 商 品 券　オ 売　　　　　上　カ 仕　　　　　入

	借　　　方		貸　　　方	
	記　　号	金　　額	記　　号	金　　額
14	（　　　）		（　　　）	
	（　　　）		（　　　）	
	（　　　）		（　　　）	
	（　　　）		（　　　）	
15	（　　　）		（　　　）	
	（　　　）		（　　　）	
	（　　　）		（　　　）	
	（　　　）		（　　　）	

第2問（20点） 問題用紙

少しレベル上の問題にチャレンジ！

［問1］次の資料に基づいて、（ア）から（オ）に入る適切な金額を答案用紙に記入しなさい。当社では定額法によって減価償却を行っており、減価償却費は月割り計算によっている。なお当社の会計期間は1年（決算日は3月31日）である。

〔資 料〕

	取得日	取得原価	耐用年数	残存価額
建 物 甲	X1年4月1日	￥560,000	5年	取得原価の1割
建 物 乙	X3年12月1日	￥504,000	4年	0
建 物 丙	X4年5月10日	￥315,000	3年	0

建　　　物

X4 4/1 前 期 繰 越 （　ア　）	X5 3/31 次 期 繰 越 （　イ　）
5/10 当 座 預 金 （　　　）	
（　　　）	（　　　）

建物減価償却累計額

X5 3/1 次 期 繰 越 （　オ　）	X4 4/1 前 期 繰 越 （　ウ　）
	X5 3/31 減 価 償 却 費 （　エ　）
（　　　）	（　　　）

▶ 第 2 問 (20 点)　答案用紙

[問 1]

ア	イ	ウ	エ	オ

[問2] 次の各取引の伝票記入について、空欄①～⑤にあてはまる適切な語句または金額を答えなさい。ただし、当社では3伝票制を採用している。全額を掛け取引として起票する方法と取引を分解して起票する方法のいずれを採用しているか否かについては、取引ごとに異なるため、各伝票の記入から各自判断すること。

(A) 備品 ¥100,000 を購入し、代金のうち ¥40,000 については、かねて、得意先大阪商店から受け取っていた同店振り出しの小切手を裏書譲渡し、残りは翌月末払いとした。

(①) 伝票	
科　目	金　額
(　　　　　)	(②)

振 替 伝 票			
借方科目	金　　額	貸方科目	金　　額
(③)	60,000	未　払　金	60,000

(B) 商品 ¥400,000 を販売し、代金のうち ¥250,000 については現金で受け取り、残額は掛けとした。

(①) 伝票	
科　目	金　額
売　掛　金	(　　　　　)

振 替 伝 票			
借方科目	金　　額	貸方科目	金　　額
(④)	(　　　)	(　　　　　)	(⑤)

[問 2]

①	②	③	④	⑤

▶ 第3問(35点) 問題用紙

少しレベル上の問題にチャレンジ!

次の〔資料 I〕と〔資料 II〕にもとづいて、答案用紙の貸借対照表と損益計算書を作成しなさい。なお、会計期間は令和 X3 年 4 月 1 日から令和 X4 年 3 月 31 日までの 1 年間である。また、日割計算が必要な場合であっても、月割計算するものとする。

〔資料 I〕決算整理前勘定残高

小 口 現 金	18,000	当 座 預 金	100,000	受 取 手 形	75,000	売 掛 金	105,000
繰 越 商 品	42,000	貯 蔵 品	3,000	仮払消費税	40,600	建 物	350,000
備 品	70,000	買 掛 金	140,000	仮 受 金	30,000	借 入 金	130,000
仮受消費税	60,060	貸倒引当金	2,000	建物減価償却累計額	70,000	備品減価償却累計額	25,000
資 本 金	200,000	繰越利益剰余金	51,340	売 上	680,600	受 取 家 賃	15,000
仕 入	406,000	給 料	128,800	旅費交通費	17,000	消 耗 品 費	8,700
保 険 料	11,200	租 税 公 課	20,300	支 払 利 息	8,400		

〔資料 II〕決算整理事項

1. 小口現金係から次のとおり小口現金を使用していたことが報告されたが、未記帳であった。なお、この報告に基づく補給は翌期に行うこととした。
   事務用消耗品 ¥2,000(未使用分はない) 電車代 ¥5,200
2. 7 月 10 日に、備品¥20,000 を購入し、代金は 2 ヵ月後に支払うことにしていた。購入時に以下の仕訳をしていたので、適正に修正する。
   (借方)備 品 20,000 (貸方)買掛金 20,000
3. 仮受金は、その全額が売掛金の回収であることが判明した。
4. 売上債権の期末残高の 2 % を貸倒予想額として、差額補充法により貸倒引当金を設定する。
5. 期末商品棚卸高は、¥56,000 である。

模擬試験第2回

第2部｜日商簿記模擬試験問題集

模擬試験第2回

第3問

答案用紙

問題用紙

▶ 第3問（35点） 答案用紙

貸 借 対 照 表

令和X4年3月31日

小 口 現 金	（ ）		買 掛 金	（ ）	
当 座 預 金	（ ）		〔 　 〕	（ ）	
受 取 手 形（ ）			借 入 金	（ ）	
貸倒引当金（ ）（ ）			未払法人税等	（ ）	
売 掛 金（ ）			未払消費税	（ ）	
貸倒引当金（ ）（ ）			〔 　 〕費用	（ ）	
商 品	（ ）		資 本 金	（ ）	
前 払 費 用	（ ）		繰越利益剰余金	（ ）	
貯 蔵 品	（ ）				
建 物（ ）					
減価償却累計額（ ）（ ）					
備 品（ ）					
減価償却累計額（ ）（ ）					
	（ ）			（ ）	

6. 有形固定資産の減価償却

    （1）建物の減価償却は、耐用年数 50 年、残存価額 ¥0、定額法により行う。

    （2）決算整理前勘定残高の備品のうち、¥20,000 は令和 X4 年 7 月 10 日に取得したものである。減価償却は、期首から保有している備品は、耐用年数 8 年、残存価額 ¥0、定額法により行い、当期に取得した備品は、耐用年数 5 年、残存価額 ¥0、定額法により行う。

7. 貯蔵品は、前期の決算において、未使用分の収入印紙を処理したものであるが、当期首の再振替仕訳が未処理となっている。なお、当期末における未使用の収入印紙は ¥700 である。

8. 毎年 8 月 1 日に 12 ヵ月分の保険料を支払っている。

9. 借入金（利率は年 2 ％）について、3 ヵ月の未払利息を計上する。

10. 消費税について適切な決算整理を行う。

11. 当期の法人税等の金額は ¥15,400 と算定された。なお、中間納付は行っていない。

損　益　計　算　書

令和 X3 年 4 月 1 日から令和 X4 年 3 月 31 日まで

売 上 原 価	（　　）	売 上 高	（　　）
給　　　料	（　　）	受 取 家 賃	（　　）
保 険 料	（　　）		
旅 費 交 通 費	（　　）		
消 耗 品 費	（　　）		
租 税 公 課	（　　）		
貸倒引当金繰入	（　　）		
減 価 償 却 費	（　　）		
支 払 利 息	（　　）		
法 人 税 等	（　　）		
当期純〔　〕	（　　）		
	（　　）		（　　）

難関問題で
総仕上げ！

▶ 第１問（45点） 問題用紙

下記の各取引について仕訳しなさい。ただし、勘定科目は、各取引の下の勘定科目から最も適当と思われるものを選び、答案用紙の（　）に記号で解答すること。

１．当期首の２年前に取得した備品（取得原価：¥750,000、残存価額：０、耐用年数：５年）を当期首から６ヵ月使用した時点で売却し、売却代金¥395,000は翌月末に受取ることとした。なお、減価償却の記帳方法は間接法を採用している。また、当期分の減価償却費は月割りで計算する。

　　ア 売　　掛　　金　　イ 未　収　入　金　　ウ 備　　　　　品
　　エ 減価償却累計額　　オ 備　品　売　却　益　　カ 減　価　償　却　費
　　キ 備　品　売　却　損

２．得意先神戸商店より売掛金¥230,000を現金で回収し、直ちに丸の内銀行の普通預金口座に入金していたが、借方科目を誤って普通預金赤坂銀行として処理していた。本日、それを訂正するための仕訳を行う。

　　ア 現　　　　　金　　イ 当　座　預　金　　ウ 普通預金丸の内銀行
　　エ 普通預金赤坂銀行　　オ 売　　掛　　金

３．先に水道橋商店へ掛けで売上げていた商品¥500,000について、品違いのため¥20,000の商品につき返品を受けた。なお、同店が当社負担の返送にかかる送料¥5,000を立替払いしたため、掛代金から差引くことにした。

　　ア 現　　　　　金　　イ 売　　掛　　金　　ウ 貸 倒 引 当 金
　　エ 買　　掛　　金　　オ 売　　　　　上　　カ 発　　送　　費

▶ 第 1 問 (45 点) 答案用紙

	借 方		貸 方	
	記 号	金 額	記 号	金 額
1	( )		( )	
	( )		( )	
	( )		( )	
	( )		( )	
2	( )		( )	
	( )		( )	
	( )		( )	
	( )		( )	
3	( )		( )	
	( )		( )	
	( )		( )	
	( )		( )	

4．当店の本日の売上高は¥80,000 であり、代金のうち¥20,000 は他社振出しの小切手で受取り、残額はクレジット払いの条件で販売した。なお、信販会社へのクレジット手数料は、クレジット取引高の4％であり販売時に認識している。

ア 現　　　　　金　イ 当 座 預 金　ウ クレジット売掛金
エ 売　　　　　上　オ 支 払 手 数 料　カ 売　　　掛　　　金

5．月末に金庫を実査したところ、紙幣及び硬貨¥58,200、当社振出しの小切手¥15,000、他社振出しの小切手¥12,800 が保管されていた。同日の現金出納帳残高は¥75,000 であった。差額については原因不明のため、現金過不足勘定で処理する。

ア 現　　　　　金　イ 現 金 過 不 足　ウ 受 取 手 形
エ 雑　　　　　益　オ 雑　　　　　損　カ 小　　　切　　　手
キ クレジット買掛金　ク 売　　　掛　　　金

6．得意先へ商品 100 個を¥350,000（本体価格）で売上げ、消費税として 10％分の金額を加算した代金の 40％分は同店振出しの小切手で受取り、残額は翌月末に受取ることとした。なお、消費税は税抜方式にて処理すること。

ア 現　　　　　金　イ 売　　　掛　　　金　ウ 仮 払 消 費 税
エ 仕　　　　　入　オ 仮 受 消 費 税　カ 売　　　　　上

7．店舗の窓ガラスが破損したため取替えを行い、その費用¥50,000 が普通預金口座より引落された。また、店舗を耐震構造に改良するための支出額¥1,000,000 を小切手振出しにより支払った。

ア 当 座 預 金　イ 普 通 預 金　ウ 建　　　　　物
エ 備　　　　　品　オ 減 価 償 却 累 計 額　カ 修　　　繕　　　費

	借　　方		貸　　方	
	記　　号	金　　額	記　　号	金　　額
4	（　　　）		（　　　）	
	（　　　）		（　　　）	
	（　　　）		（　　　）	
	（　　　）		（　　　）	
5	（　　　）		（　　　）	
	（　　　）		（　　　）	
	（　　　）		（　　　）	
	（　　　）		（　　　）	
6	（　　　）		（　　　）	
	（　　　）		（　　　）	
	（　　　）		（　　　）	
	（　　　）		（　　　）	
7	（　　　）		（　　　）	
	（　　　）		（　　　）	
	（　　　）		（　　　）	
	（　　　）		（　　　）	

8．当座預金口座を開設し、普通預金口座から¥500,000 を預け入れた。また、口座開設と同時に当座借越契約（限度額¥2,000,000）を締結し、その担保として普通預金口座から¥2,500,000 を定期預金口座へ預け入れた。

ア 現 金 イ 当 座 預 金 ウ 普 通 預 金
エ 定 期 預 金 オ 貸 付 金 カ 借 入 金

9．次の決算整理後残高試算表の各勘定残高を損益勘定に振替える仕訳を行いなさい。

仕 入 ¥503,000 給 料 ¥110,000 支払家賃 ¥70,000

ア 売 上 イ 仕 入 ウ 給 料
エ 支 払 家 賃 オ 損 益 カ 繰 越 利 益 剰 余 金

10．従業員に対する給料の支払いにあたって、給料総額¥980,000 のうち、社会保険料従業員負担分¥35,000 と、所得税の源泉徴収分¥78,000 を差し引き、残額は現金で支給した。

ア 租 税 公 課 イ 給 料 ウ 所 得 税 預 り 金
エ 現 金 オ 当 座 預 金 カ 社 会 保 険 料 預 り 金

11．A社に対する売掛金¥87,000 について取引銀行を通じて発生記録の請求を行い、電子記録にかかる債権が生じた。

ア 当 座 預 金 イ 売 掛 金 ウ 電 子 記 録 債 権
エ 買 掛 金 オ 電 子 記 録 債 務

	借　方		貸　方	
	記　号	金　額	記　号	金　額
8	(　　　)		(　　　)	
	(　　　)		(　　　)	
	(　　　)		(　　　)	
	(　　　)		(　　　)	
9	(　　　)		(　　　)	
	(　　　)		(　　　)	
	(　　　)		(　　　)	
	(　　　)		(　　　)	
10	(　　　)		(　　　)	
	(　　　)		(　　　)	
	(　　　)		(　　　)	
	(　　　)		(　　　)	
11	(　　　)		(　　　)	
	(　　　)		(　　　)	
	(　　　)		(　　　)	
	(　　　)		(　　　)	

12. 得意先が倒産し、売掛金¥120,000 が回収不能となった。商品注文時に受取っていた¥30,000 の手付金と相殺するとともに、残額は貸倒れとして処理する。なお、残額のうち¥15,000 は当期に販売した商品にかかる売掛金であり、貸倒引当金勘定の残高は¥50,000 であった。

ア 売　　掛　　金　　イ 前　　受　　金　　ウ 貸 倒 引 当 金
エ 償 却 債 権 取 立 益　　オ 貸 倒 引 当 金 繰 入　　カ 貸　　倒　　損　　失

13. 出張中の従業員から当座預金口座に¥200,000 の入金があった。このうち¥40,000 については、得意先から注文を受けた際に受け取った手付金であるが、残額については、詳細は不明である。

ア 前　　受　　金　　イ 当 座 預 金　　ウ 仮　　受　　金
エ 現　　　　金　　オ 普 通 預 金　　カ 売　　　　上

14. かねて注文していた販売目的の中古自動車¥720,000 を引き取り、代金のうち¥190,000 については注文時に支払った手付金を充当し、残額は後日支払うこととした。また、その引取運送費（当社負担）¥30,000 を現金で支払った。なお、当社は自動車販売業を営んでいる。

ア 現　　　　金　　イ 前　　払　　金　　ウ 車 両 運 搬 具
エ 買　　掛　　金　　オ 未　　払　　金　　カ 仕　　　　入

	借 方		貸 方	
	記　号	金　　額	記　　号	金　　額
12	(　　　　)		(　　　　)	
	(　　　　)		(　　　　)	
	(　　　　)		(　　　　)	
	(　　　　)		(　　　　)	
13	(　　　　)		(　　　　)	
	(　　　　)		(　　　　)	
	(　　　　)		(　　　　)	
	(　　　　)		(　　　　)	
14	(　　　　)		(　　　　)	
	(　　　　)		(　　　　)	
	(　　　　)		(　　　　)	
	(　　　　)		(　　　　)	

15. 従業員が出張より帰社し、出発時に仮払いしていた¥50,000について、次の報告書と領収書が提出され、残額を現金で受け取った。なお、当社では鉄道料金の領収書の提出を不要としている。

旅費交通費等報告書

太田 太郎

移動先	手段等	領収書	金額
新大阪	JR東海	無	¥ 18,000
大阪グランフロント	タクシー	有	2,000
OSK グランドホテル	宿泊	有	6,600
新大阪	電車	無	210
東京	JR東海	無	18,000
	合　計		¥ 44,810

領収書

運賃　¥2,000

上記のとおり領収いたしました
なんば交通

領収書

宿泊費 シングル1名 ¥6,600

上記のとおり領収いたしました
OSK グランドホテル

ア 現　　　　金　イ 前　払　金　ウ 旅 費 交 通 費
エ 仮 払 金　オ 仮 受 金　カ 通 信 費

	借 方		貸 方	
	記　　号	金　　額	記　　号	金　　額
15	（　　　　　）		（　　　　　）	
	（　　　　　）		（　　　　　）	
	（　　　　　）		（　　　　　）	
	（　　　　　）		（　　　　　）	

▶ 第2問（20点）　問題用紙

難関問題で
総仕上げ！

[問1] 次の（1）、（2）の取引の伝票記入について、空欄①〜③にあてはまる適切な語句または金額を記入しなさい。当社では3伝票制を採用し、全額を掛け取引として起票する方法と、取引を分解して起票する方法のいずれを採用しているか否かについては、答案用紙から各自判断すること。

（1）

［取　引］

　商品 ¥180,000 を販売し、代金のうち ¥60,000 については現金で受け取り、残額は掛けとした。

（　　①　　）伝　票	
売　　　　　上	60,000

（　　　　）伝　票			
②	③	売　　　上	③

▶第2問（20点）　答案用紙

[問1]

(1)

①		②		③	

(2)

〔取 引〕

　商品 ¥300,000 を仕入れ、代金のうち ¥120,000 について現金で支払い、残額は掛けとした。

（　①　）伝　票	
買　掛　金	120,000

（　　　　）伝　票			
②	③	買　掛　金	③

(2)

①		②		③	

［問2］ 次の各文の中の①から④に当てはまる最も適切な語句を下記の［語群］の中から選び、ア～シの記号で答えなさい。

1．すべての取引を網羅的に記入する帳簿を（ ① ）簿といい、これには仕訳帳と総勘定元帳がある。

2．総勘定元帳における売掛金勘定の借方合計・貸方合計の金額は、売掛金勘定の各人名勘定の合計金額と一致する。このような補助簿の各勘定を集計した内容を持つ勘定のことを（ ② ）勘定という。

3．すでに取得済みの有形固定資産の修理、改良などのために支出した金額のうち、その有形固定資産の使用可能期間を延長または価値を増大させる部分を（ ③ ）支出という。

4．株式会社が繰越利益剰余金を財源として配当を行ったときは、会社法で定められた上限額に達するまで一定額を（ ④ ）として積み立てなければならない。

［語　群］
ア 利益準備金　イ 補　　助　ウ 統　　括　エ 租税公課
オ 資本準備金　カ 主　　要　キ 資　本　的　ク 収　益　的
ケ 収入印紙　　コ 資　　産　サ 負　　債　シ 控除的評価

[問 2]

①		②		③		④	

難関問題で
総仕上げ！

▶第3問（35点）　問題用紙

次の〔資料 I〕と〔資料 II〕にもとづいて、答案用紙の貸借対照表と損益計算書を作成しなさい。なお、消費税の仮受け・仮払いは売上取引・仕入取引のみで行い、税抜方式で処理する。会計期間は令和 X3 年 4 月 1 日から令和 X4 年 3 月 31 日までの 1 年間である。また、日割計算が必要な場合であっても、月割計算するものとする。

〔資料 I〕決算整理前残高試算表

残高試算表
令和 X4 年 3 月 31 日

借　　方	勘定科目	貸　　方
98,000	現　　　　　金	
	現 金 過 不 足	4,200
95,000	受 取 手 形	
105,000	売 　掛　 金	
42,000	繰 越 商 品	
3,000	貯 　蔵　 品	
40,600	仮 払 消 費 税	
350,000	建　　　　　物	
70,000	備　　　　　品	
	買 　掛　 金	140,000
	借 　入　 金	196,000
	仮 受 消 費 税	60,060
	貸 倒 引 当 金	2,100
	建物減価償却累計額	70,000
	備品減価償却累計額	25,000
	資 　本　 金	200,000
	繰 越 利 益 剰 余 金	51,340
	売　　　　　上	600,600
	受 取 家 賃	15,000
406,000	仕　　　　　入	
100,000	給　　　　　料	
15,500	旅 費 交 通 費	
10,500	保 　険　 料	
20,300	租 税 公 課	
8,400	支 払 利 息	
1,364,300		1,364,300

〔資料 II〕決算整理事項等

1．現金過不足勘定の残高 ¥4,200 について調査したところ、保険料 ¥3,920 の支払いを誤って二度記帳していたことが判明した。残額は不明であるため、雑益勘定または雑損勘定に振り替える。

2．売上債権の期末残高の 3 ％を貸倒予想額として、差額補充法により貸倒引当金を設定する。

3．期末商品棚卸高は、¥56,000 である。

4．減価償却
　（1）建物の減価償却は、耐用年数 50 年、残存価額 ¥0、定額法により行う。
　（2）決算整理前残高試算表の備品のうち、¥20,000 は令和 X4 年 1 月 10 日に取得したものである。減価償却は、期首から保有している備品は、耐用年数 8 年、残存価額 ¥0、定額法により行い、当期に取得した備品は、耐用年数 5 年、残存価額 ¥0、定額法により行う。

5．貯蔵品は、前期の決算において、未使用分の収入印紙を処理したものであるが、当期首の再振替仕訳が未処理となっている。なお、当期末における未使用の収入印紙は ¥700 である。

6．受取家賃に関して、毎年 7 月 1 日に 12 ヵ月分の家賃を前受けしている。

7．消費税について適切な決算整理を行う。

8．当期の法人税等の金額は ¥15,400 と算定された。なお、中間納付は行っていない。

▶第3問（35点）　答案用紙

貸 借 対 照 表
令和X4年3月31日

現　　　金	（　　　　　）	買　掛　金	（　　　　　）
受 取 手 形（　　　　）		借　入　金	（　　　　　）
貸倒引当金（△　　　）（　　　　　）		未払法人税等	（　　　　　）
売　掛　金（　　　　）		未払消費税	（　　　　　）
貸倒引当金（　　　　）（　　　　　）		〔　　〕収益	（　　　　　）
商　　　品	（　　　　　）	資　本　金	（　　　　　）
貯　蔵　品	（　　　　　）	繰越利益剰余金	（　　　　　）
建　　　物（　　　　）			
減価償却累計額（△　　　）（　　　　　）			
備　　　品（　　　　）			
減価償却累計額（△　　　）（　　　　　）			
	（　　　　　）		（　　　　　）

損 益 計 算 書
令和X3年4月1日から令和X4年3月31日まで

売 上 原 価	（　　　　　）	売　上　高	（　　　　　）
給　　　料	（　　　　　）	受 取 家 賃	（　　　　　）
旅費交通費	（　　　　　）	雑　　　益	（　　　　　）
保　険　料	（　　　　　）		
租 税 公 課	（　　　　　）		
貸倒引当金繰入	（　　　　　）		
減価償却費	（　　　　　）		
支 払 利 息	（　　　　　）		
法 人 税 等	（　　　　　）		
当期純〔　　〕	（　　　　　）		
	（　　　　　）		（　　　　　）

●仕訳の考え方（固定資産の売却）

→売却日の簿価の計算がポイントです。

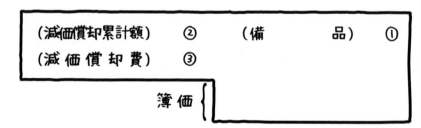

①取得原価

②取得から期首時点の減価償却費計上額

③当期首から売却までの減価償却費（本問では０）

●仕訳の考え方（現金過不足）

→現金を増やすのか、減らすのかがポイントです。

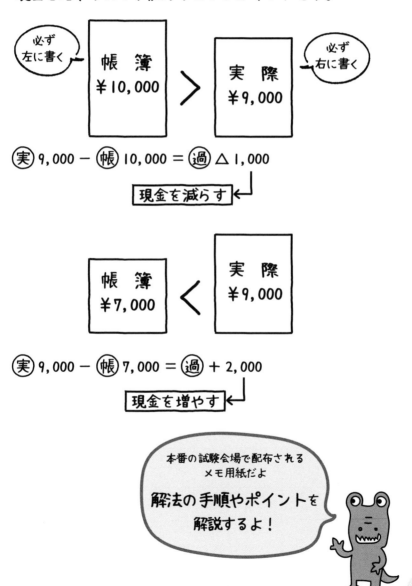

必ず
左に書く

帳　簿
¥10,000

＞

実　際
¥9,000

必ず
右に書く

(実)9,000 − (帳)10,000 ＝ (過)△1,000

現金を減らす

帳　簿
¥7,000

＜

実　際
¥9,000

(実)9,000 − (帳)7,000 ＝ (過)＋2,000

現金を増やす

本番の試験会場で配布される
メモ用紙だよ

解法の手順やポイントを
解説するよ！

▶ 第 1 問（45 点） 解答・解説

解答

	借 方		貸 方	
	記 号	金 額	記 号	金 額
1	（ イ ）	590,000	（ ウ ）	1,008,000
	（ エ ）	399,000	（ ）	
	（ カ ）	19,000	（ ）	
	（ ）		（ ）	
2	（ イ ）	4,100,000	（ エ ）	4,100,000
	（ ）		（ ）	
	（ ）		（ ）	
	（ ）		（ ）	
3	（ オ ）	120,000	（ ア ）	120,000
	（ ）		（ ）	
	（ ）		（ ）	
	（ ）		（ ）	
4	（ ア ）	88,000	（ オ ）	460,000
	（ ウ ）	418,000	（ エ ）	46,000
	（ ）		（ ）	
	（ ）		（ ）	
5	（ ア ）	60,000	（ エ ）	60,000
	（ ）		（ ）	
	（ ）		（ ）	
	（ ）		（ ）	
6	（ オ ）	55,300	（ ア ）	55,300
	（ ）		（ ）	
	（ ）		（ ）	
	（ ）		（ ）	
7	（ イ ）	240,000	（ ウ ）	240,000
	（ ）		（ ）	
	（ ）		（ ）	
	（ ）		（ ）	

	借 方		貸 方	
	記 号	金 額	記 号	金 額
8	（ オ ）	680,000	（ ウ ）	102,000
	（ ）		（ エ ）	80,000
	（ ）		（ イ ）	498,000
	（ ）		（ ）	
9	（ エ ）	45,000	（ ア ）	180,000
	（ オ ）	100,000	（ ）	
	（ カ ）	35,000	（ ）	
	（ ）		（ ）	
10	（ オ ）	65,000	（ ウ ）	80,000
	（ ア ）	15,000	（ ）	
	（ ）		（ ）	
	（ ）		（ ）	
11	（ エ ）	60,000	（ オ ）	200,000
	（ ウ ）	140,000	（ ア ）	6,000
	（ カ ）	6,000	（ ）	
	（ ）		（ ）	
12	（ カ ）	127,500	（ ウ ）	127,500
	（ ）		（ ）	
	（ ）		（ ）	
	（ ）		（ ）	
13	（ カ ）	235,000	（ エ ）	160,000
	（ ）		（ イ ）	75,000
	（ ）		（ ）	
	（ ）		（ ）	
14	（ イ ）	203,650	（ ウ ）	200,000
	（ ）		（ エ ）	3,650
	（ ）		（ ）	
	（ ）		（ ）	
15	（ オ ）	660,000	（ イ ）	600,000
	（ ）		（ エ ）	60,000
	（ ）		（ ）	
	（ ）		（ ）	

配点 仕訳問題1題につき3点×15題＝45点

1. 固定資産の売却

（未 収 入 金）	590,000	（建　　　　物）	1,008,000
（減価償却累計額）	399,000		
（固定資産売却損）	19,000		

固定資産の売却の処理を聞いています。固定資産売却損は￥19,000となる点に注意してください。

帳　簿　価　額：￥1,008,000 －￥399,000 ＝￥609,000
固定資産売却損：￥590,000 －￥609,000 ＝△￥19,000

2. 固定資産の購入

（建　　　　物）	4,100,000	（未　払　金）	4,100,000

営業用倉庫の購入では、建物勘定（資産）の借方に記入します。また建物取得の際に生じた付随費用￥100,000は、取得原価に含めます。なお、購入代金の未払分は、未払金勘定（負債）の貸方に記入します。

建　　物：￥4,000,000 ＋￥100,000 ＝￥4,100,000

3. 返品の処理

（買　掛　金）	120,000	（仕　　　　入）	120,000

商品の仕入れ時に次の仕訳を行っており、返品は仕入取引の取り消しにあたることから、逆仕訳を行います。

（仕　　　　入）　600,000　（買　掛　金）　600,000

仕入高：@¥30,000 × 20 個 ＝ ¥600,000

返品額：¥600,000 × $\frac{1}{5}$ ＝ ¥120,000

4. クレジット取引と消費税の処理

（現　　　　金）　　88,000　（売　　　上）　460,000
（クレジット売掛金）　418,000　（仮 受 消 費 税）　　46,000

クレジット取引を行った場合、クレジット売掛金勘定（資産）の借方に記入します。また顧客から預かった消費税は、仮受消費税勘定（負債）の貸方に記入します。

クレジット売掛金：¥506,000 － ¥88,000 ＝ ¥418,000

5. 通貨代用証券の処理

（現　　　　金）　　60,000　（売　掛　金）　60,000

郵便為替証書と他人振出の小切手は、通貨代用証券の一種です。そのため、現金勘定（資産）の借方に記入します。

通貨代用証券：他人振出小切手、郵便為替証書、送金小切手など

現　　金：¥30,000 ＋ ¥30,000 ＝ ¥60,000

6. 消費税の処理

（未 払 消 費 税）	55,300	（現　　　　　金）	55,300

消費税の処理は、次の4段階があります。本問は、このうち4つめの段階についての問題です。

（1）消費税の仮払時

（仕　　　　　入）	×××	（現　金　等）	×××
（仮 払 消 費 税）	×××		

（2）消費税の仮受時

（現　金　等）	×××	（売　　　　　上）	×××
		（仮 受 消 費 税）	×××

（3）未払消費税の計上

（仮 受 消 費 税）	×××	（仮 払 消 費 税）	×××
		（未 払 消 費 税）	×××

（4）消費税の納付（本問）

（未 払 消 費 税）	×××	（現　金　等）	×××

7. 訂正仕訳

（雑　収　入）	240,000	（償却債権取立益）	240,000

「償却」は費用化したという意味で、過年度に貸倒れ処理した債権を当期に回収した場合、償却債権取立益勘定（収益）の貸方に記入します。

（1）間違った仕訳

（普 通 預 金）	240,000	（雑　収　入）	240,000

(2) 間違った仕訳の取り消し仕訳

| (雑 収 入) | 240,000 | (普 通 預 金) | 240,000 |

(3) 正しい仕訳

| (普 通 預 金) | 240,000 | (償却債権取立益) | 240,000 |

(2) と (3) の仕訳を合わせた仕訳が解答の仕訳です。

8. 給料の支給の処理

(給　　料)	680,000	(所 得 税 預 り 金)	102,000
		(社会保険料預り金)	80,000
		(普 通 預 金)	498,000

給料支払時には、次の点に注意が必要です。

> ▶ 社会保険（健康保険と厚生年金保険）の従業員負担分は、社会保険料預り金勘定（負債）を用いて処理する
> ▶ 所得税の源泉徴収税額は、所得税預り金勘定（負債）で処理する
> ▶ 従業員に対する立替金を控除する場合には、従業員立替金勘定（資産）の貸方に記入する

現金支給額：¥680,000 － ¥102,000 － ¥80,000 ＝ ¥498,000

9. 貸倒れの処理

(前 受 金)	45,000	(売 掛 金)	180,000
(貸 倒 引 当 金)	100,000		
(貸 倒 損 失)	35,000		

貸倒れの処理の問題です。次のように3つに分けて考えます。

（1）前受金と相殺

| （前　受　金） | 45,000 | （売　掛　金） | 45,000 |

（2）貸倒引当金の取り崩し

| （貸 倒 引 当 金） | 100,000 | （売　掛　金） | 100,000 |

（3）貸倒損失の計上

| （貸 倒 損 失） | 35,000 | （売　掛　金） | 35,000 |

10. 仮払金の精算

| （旅 費 交 通 費） | 65,000 | （仮　払　金） | 80,000 |
| （現　　　金） | 15,000 | | |

仮払金の精算の処理です。仮払時には次の仕訳を行っています。

仮払い時：

| （仮　払　金） | 80,000 | （現　金　等） | 80,000 |

そこで、仮払金の精算時には、確定した金額¥65,000（＝¥80,000 － ¥15,000）を、旅費交通費勘定（費用）の借方に記入するとともに、仮払金勘定（資産）の貸方に記入します。

11. 商品の販売取引

（前　受　金）	60,000	（売　　上）	200,000
（受 取 手 形）	140,000	（現　金）	6,000
（発　送　費）	6,000		

商品販売取引の処理です。前もって受け取っていた手付金は、前受金勘定（負債）の借方に記入します。また残額は福島商事株式会社振出の約束手形で受け取ったため、受取手形勘定（資産）の借方に記入します。

12. 証憑からの仕訳

（消耗品費）　127,500　（未　払　金）　127,500

本問は、証憑（請求書）に基づいて仕訳を行う問題です。インクカートリッジ等は消耗品費勘定（費用）の借方に記入します。また、代金は当日決済ではないため、未払金勘定（負債）の貸方に記入します。

消耗品費：(￥50,000 ＋￥60,000 ＋￥15,000) ＋￥2,500〈送料〉＝￥127,500

13. 同一の取引先に対する売掛金と買掛金の決済

（買　　掛　　金）　235,000　（売　　掛　　金）　160,000
　　　　　　　　　　　　　　　（当　座　預　金）　　75,000

同一の取引先に対して売掛金と買掛金がある場合に、売掛金と買掛金を相殺した上で決済を行った、という問題です。
本問では、売掛金残高を買掛金残高が上回ったため、差額を支払うことになります。そのため、支払った差額は当座預金勘定（資産）の貸方に記入します。

14. 貸付金の処理

（当　座　預　金）　203,650　（貸　付　金）　200,000
　　　　　　　　　　　　　　　（受　取　利　息）　　 3,650

貸付金の返済時の処理です。回収した元金は貸付金勘定（資産）の貸方に

¥200,000 と記入します。また利息を受け取ったため、**受取利息勘定（収益）**の貸方に¥3,650と記入します。

受取利息：¥200,000 × 7.3% × $\dfrac{3}{12}$ ＝ ¥3,650

15. 剰余金の配当と処分

（ 繰越利益剰余金 ）	660,000	（ 未 払 配 当 金 ）	600,000
		（ 利 益 準 備 金 ）	60,000

剰余金の配当と処分に関する問題です。株主配当金として社外流出する金額は、**未払配当金勘定（負債）**の貸方に記入します。

また、法定準備金の一種である利益準備金は、剰余金を配当する毎に積み立てることを法律によって強制されている準備金です。そこで、**利益準備金勘定（資本）**の貸方に記入します。

第1回・第2問［問1］の下書き

```
6/19 ─┬─(繰    剰)   275,000    (利    準)    25,000 ①
      │                         (未    払)   250,000 ②
3/31 ─┼─(売    上)1,386,000    (損    益)1,386,000
      │  (損    益)1,092,000    (仕    入)   831,000
      │                         (給    料)   210,000
      │                         (法    人)    51,000
      │  (損    益)  294,000    (繰    剰)   294,000 ③
      │
```

①￥95,000－￥70,000 ＝￥25,000

②繰越利益剰余金勘定・借方から

③損益勘定の貸借差額

M E M O

第1回・第2問［問2］の下書き

本来の取引 ：(現 　　金) 150,000 （売 　　上) 560,000
　　　　　　(売 掛 金) 410,000
入金伝票 ：(現 　　金) 150,000 （売 掛 金) 150,000(−
振替伝票 ：(売 掛 金) 560,000 （売 　　上) 560,000

本番の試験会場で配布される
メモ用紙だよ

解法の手順やポイントを
解説するよ！

154

▶第2問（20点） 解答・解説

解答

〔問1〕

①	②	③	④	⑤
¥25,000	¥979,000	ウ	¥294,000	イ

配点　①・②・④は2点×3＝6点　③・⑤は3点×2＝6点（計12点）

〔問2〕

（1）

	現　金 出納帳	当座預金 出納帳	商　品 有高帳	売掛金 元　帳	支払手形 記入帳	仕入帳	売上帳	固定資産 台　帳
1日		○						○
10日			○		○	○		
16日	○			○				

（2）

振 替 伝 票			
借方科目	金　　額	貸方科目	金　　額
売　　掛　　金	560,000	売　　　　　上	560,000

（3）

3月31日に計上される減価償却費の金額	¥　　93,000

配点　（1）は□1つにつき2点×3＝6点、（2）、（3）は各1点、計8点

〔問1〕

剰余金の配当と処分に関する問題です。剰余金の配当と処分では、各段階の仕訳（株主総会開催時点、決算時）を確認してください。

利益準備金勘定、繰越利益剰余金勘定、損益勘定の3つの勘定には、次の仕訳が行われ、転記されています。

1．前期繰越記入

4/1　仕　訳　な　し

2．株主総会時（剰余金の配当・処分）

6/19（繰越利益剰余金）　275,000　（利 益 準 備 金）　25,000

（未 払 配 当 金）　250,000

利益準備金：¥95,000 － ¥70,000 ＝ ¥25,000

未払配当金：¥250,000（繰越利益剰余金勘定借方から）

3．決算振替記入

(1) 収益・費用の損益勘定への振替

3/31（売　　　　上）　1,386,000　（損　　　　益）　1,386,000

（損　　　　益）　1,092,000　（仕　　　　入）　831,000

（給　　　料）　210,000

（法人税、住民税及び事業税）　51,000

(2) 当期純利益の振替

3/31 （損　　　　益）　294,000　（繰越利益剰余金）　294,000

当期純利益：¥1,386,000 －（¥831,000 ＋¥210,000 ＋¥51,000）
　　　　　　　＝¥294,000

当期純利益は、損益勘定から繰越利益剰余金勘定に振り替えます。

上記の仕訳を転記した後の各勘定：

利 益 準 備 金

3/31	次 期 繰 越	（ 95,000 ）	4/ 1	前 期 繰 越	70,000
			6/19	（ 繰越利益剰余金 ）	（ 25,000 ）
		95,000			95,000

繰越利益剰余金

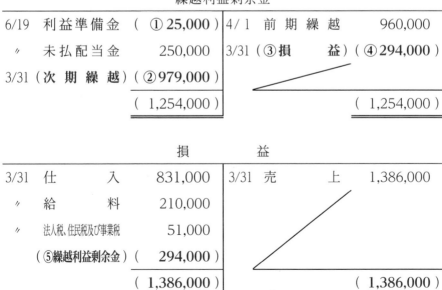

6/19	利 益 準 備 金	（ ① 25,000 ）	4/ 1	前 期 繰 越	960,000
〃	未 払 配 当 金	250,000	3/31	（ ③損　　　益 ）	（ ④ 294,000 ）
3/31	（ 次 期 繰 越 ）	（ ② 979,000 ）			
		（ 1,254,000 ）			（ 1,254,000 ）

損　　益

3/31	仕　　　入	831,000	3/31	売　　　上	1,386,000
〃	給　　　料	210,000			
〃	法人税、住民税及び事業税	51,000			
	（ ⑤繰越利益剰余金 ）	（ 294,000 ）			
		（ 1,386,000 ）			（ 1,386,000 ）

〔問2〕

補助簿の選択、伝票会計、固定資産の減価償却などを組み合わせた問題です。
補助簿の選択では、取引の仕訳をしてみると、関連する帳簿が判明します。

(1) 補助簿の選択

各取引の仕訳から関連する補助簿が判明します。

・7月1日

1日 （備 品） 620,000 （当 座 預 金） 620,000

備品取得原価：¥600,000 ＋ ¥20,000 ＝ ¥620,000

・7月10日

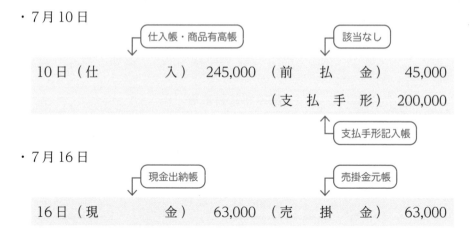

10日 （仕 入） 245,000 （前 払 金） 45,000
（支 払 手 形） 200,000

・7月16日

16日 （現 金） 63,000 （売 掛 金） 63,000

(2) 伝票会計（一部現金取引）

本来の取引は2つの伝票に分けて記入されています。このうち**入金伝票**に
記入された取引は、売掛金を現金で回収する取引です。

入金伝票（現 金） 150,000 （売 掛 金） 150,000

そこで、いったん全額を掛け取引として記帳する方法とわかります。

次の手順で解答します。

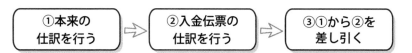

| ①本来の仕訳を行う | ②入金伝票の仕訳を行う | ③①から②を差し引く |

memo

① 本来の仕訳 （現 金） 150,000 （売 上） 560,000

（売 掛 金） 410,000

② 入金伝票 （現 金） 150,000 （売 掛 金） 150,000 （－

③ 振替伝票 （売 掛 金） 560,000 （売 上） 560,000

現　　　金　¥150,000 － ¥150,000 ＝ 0

売　掛　金　¥410,000 － （－¥150,000） ＝ ¥410,000 ＋ ¥150,000
　　　　　　 ＝ **¥560,000**

売　　　上　¥560,000 － 0 ＝ **¥560,000**

(3) 減価償却費と月割計算

年間減価償却費： ¥620,000 ÷ 5年 ＝ ¥124,000

当期減価償却費： $¥124,000 \times \dfrac{9}{12} = ¥93,000$

7/1 ～ 3/31 までの使用期間に応じた減価償却費を月割り計算によって計上します。

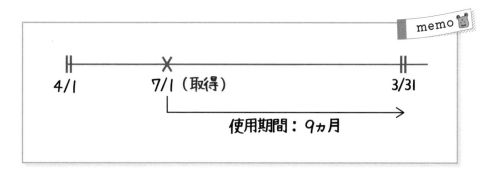

memo

4/1　　　7/1（取得）　　　3/31

使用期間：9ヵ月

●仕訳の考え方（困ったら取引を切り分けよう）

→複合的な問題では、いくつかに切り分けて仕訳してみましょう。ここでは現金売上とクレジット売上に分けて考えます。

4．店舗における１日分の売上の仕訳を行うにあたり、集計結果は次のとおりであった。消費税は税抜方式によって処理する。クレジット手数料は、代金回収時に認識する。なお、合計額のうち、¥88,000 は現金で受け取り、残額はクレジットカード決済であった。信販会社への手数料は考慮しなくてよい。また、消費税は税抜き方式で処理する。

売上集計表

X3 年 12 月 20 日

品　　　　物	数　　量	単　　価	金　　　額
高級羽毛布団	10	28,000	¥280,000
快眠低反発枕	15	12,000	¥180,000
計			¥460,000
		消費税	¥46,000
		合　計	¥506,000

ア 現　　　　　金	イ 売　　掛　　金	ウ クレジット売掛金
エ 仮 受 消 費 税	オ 売　　　　　上	カ 支 払 手 数 料

①現金売上

（現　　　金）88,000　　（売　　　上）80,000

（仮受消費税）8,000

②クレジット売上

(クレジット売掛金) 418,000※ (売   上) 380,000

                      (仮受消費税) 38,000

※￥506,000 － ￥88,000 ＝ ￥418,000

　①と②を合わせたものが解答の仕訳です。

本番の試験会場で配布される
メモ用紙だよ

解法の手順やポイントを
解説するよ！

▶ 第 3 問 (35 点) 解答・解説

解 答

貸 借 対 照 表
令和 X4 年 3 月 31 日

現　　　金	(124,000)	買　掛　金	(415,000)	
当 座 預 金	(378,000)	借　入　金	(300,000)	
売　掛　金 (370,000)		未払法人税等	(18,000)	
貸倒引当金 (△ 7,400)	(362,600)	[未払] 消費税	(128,000)	
商　　　品	(174,000)	未 払 費 用	(6,000)	
[前払] 費用	(15,000)	資　本　金	(1,400,000)	
備　　　品 (936,000)		繰越利益剰余金	(1,136,100)	
減価償却累計額 (△ 368,500)	(567,500)			
土　　　地	(1,782,000)			
	(3,403,100)		(3,403,100)	

損 益 計 算 書
令和 X1 年 4 月 1 日から令和 X2 年 3 月 31 日まで

売 上 原 価	(2,066,000)	売　上　高	(3,930,000)
給　　　料	(1,260,000)		
貸倒引当金繰入	7,000		
減 価 償 却 費	(106,000)		
支 払 家 賃	(195,000)		
水 道 光 熱 費	(30,000)		
通　信　費	44,000		
保　険　料	(16,000)		
支 払 利 息	(15,000)		
雑 [損]	(2,000)		
法 人 税 等	30,000		
当期純 [利益]	(159,000)		
	(3,930,000)		(3,930,000)

配点 ▢ 1 つにつき 4 点 × 5 = 20 点　┌┈┐ 1 つにつき 3 点 × 5 = 15 点　計 35 点

162

解 説

1. 未処理事項の処理

(1) 現金過不足の処理

決算当日に生じた現金不足￥5,000 は、直接現金を調整します。

　現 金 過 不 足：￥129,000 － ￥124,000 ＝ ￥5,000

　（水 道 光 熱 費）　　3,000　（現　　　　金）　　5,000
　（雑　　　　損）　　2,000

　現　　金 （B/S）：￥129,000 － ￥5,000 ＝ ￥124,000
　水道光熱費（P/L）：￥27,000 ＋ ￥3,000 ＝ ￥30,000

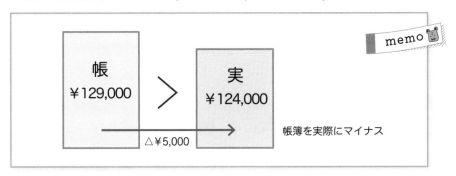

(2) 誤記入の訂正

　① 誤った仕訳

まずは、誤った仕訳を（あえて）再現してみます。

　（当 座 預 金）　　52,000　（売　掛　金）　　52,000

　② ①の取り消しの仕訳

上の仕訳の逆仕訳を行って、間違った状態を取り消します。

　（売　掛　金）　　52,000　（当 座 預 金）　　52,000

③ 正しい仕訳

改めて正しい仕訳を行います。

（当 座 預 金）　25,000　（売　　掛　　金）　25,000

②と③の2つを合わせた仕訳が、解答上の仕訳です。

②	（売　掛　金）	52,000	（当 座 預 金）	52,000	
③	（当 座 預 金）	25,000	（売　掛　金）	25,000(+	
答(②+③)	（**売　掛　金**）*1	**27,000**	（**当 座 預 金**）*2	**27,000**	

＊1 売 掛 金：¥52,000 ＋（－¥25,000）＝ ¥27,000
＊2 当座預金：¥25,000 ＋（－¥52,000）＝ －¥27,000

当 座 預 金（B/S）：¥405,000 － ¥27,000 ＝ **¥378,000**
売　掛　金（B/S）：¥343,000 ＋ ¥27,000 ＝ **¥370,000**

(3) 有形固定資産の購入

備品を購入しましたが、未処理のため、修正する処理を行います。

（備　　　　　品）　96,000　（仮　　払　　金）　96,000

備　　品（B/S）：¥840,000 ＋ ¥96,000 ＝ **¥936,000**

上記備品について、ひと月分の減価償却費を月割計算により計上します。

新規取得分減価償却費：$\dfrac{¥96,000}{8年} \times \dfrac{1ヵ月}{12ヵ月} = ¥1,000$

(4) 商品の販売と消費税の処理

商品の販売の仕訳が未記帳となっていたため、消費税の処理も含めその処理

を行います。

（仮　　受　　金）	88,000	（売　　　　　上）	80,000
		（仮 受 消 費 税）※	8,000

※ 仮受消費税　￥80,000 × 10% = ￥8,000

売 上 高 (B/S)：￥3,850,000 ＋ ￥80,000 = **￥3,930,000**

● 2. 決算整理事項の処理

(1) 貸倒れの見積り

期末売掛金残高に対して、差額補充法によって、2 ％の貸倒れを見積ります。売掛金残高は修正後の￥370,000 を用いることに注意してください。

（貸倒引当金繰入）	7,000	（貸 倒 引 当 金）	7,000

貸 倒 引 当 金 (B/S)：￥370,000 × 2 ％ = **￥7,400**
貸倒引当金繰入 (P/L)：￥7,400 － ￥400 = **￥7,000**

(2) 売上原価の算定

期首商品棚卸高：￥140,000（資料 1・繰越商品残高から）
期末商品棚卸高：￥174,000

（仕　　　　　入）	140,000	（繰 越 商 品）	140,000
（繰 越 商 品）	174,000	（仕　　　　　入）	174,000

売上原価 (P/L)：￥140,000 ＋￥2,100,000 －￥174,000 ＝**￥2,066,000**
商　　　品(B/S)：**￥174,000**（期末商品棚卸高）

仕　　　入

期 首 商 品	140,000	売上原価（P/L）	
当期商品仕入高	2,100,000	? → 2,066,000	
		期末商品（B/S）	174,000

（3）備品の減価償却

定額法によって、減価償却費を計算しますが、3月1日使用開始分の減価償却費を含めて計上します。

【従来からの分】

備 品 減 価 償 却 費：$\dfrac{¥840,000 - 0}{8 \text{年}} = ¥105,000$

【3月1日取得分】

新規取得分減価償却費：$\dfrac{¥96,000}{8 \text{年}} \times \dfrac{1 \text{ヵ月}}{12 \text{ヵ月}} = ¥1,000$

（ 減 価 償 却 費 ）　105,000　　（ 備品減価償却累計額 ）　105,000

減 価 償 却 費 （P/L）：¥105,000 + ¥1,000 = **¥106,000**

減価償却累計額 （B/S）：¥262,500 + ¥106,000 = **¥368,500**

（4）消費税の処理

仮払消費税勘定と仮受消費税勘定を相殺し、消費税の**納付額**を未払消費税勘定に計上します。

（ 仮 受 消 費 税 ）　296,000　　（ 仮 払 消 費 税 ）　168,000

　　　　　　　　　　　　　　　　（ 未 払 消 費 税 ）　128,000

（注）仮受消費税　¥288,000 + ¥8,000 = ¥296,000

未払消費税 （P/L）：¥296,000 - ¥168,000 = **¥128,000**

（5）経過勘定の処理（費用の見越）

借入金￥300,000 に対する当期支払利息のうち、令和 X1 年 12 月 1 日から令和 X2 年 3 月 31 日までの 4 ヵ月分を当期費用として計上します。またこの期間の利息は未払利息として計上します。

（ 支 払 利 息 ）　　6,000　　（ 未 払 利 息 ）　　6,000

未払費用（B/S）：￥300,000 × 6 ％÷ 12 ヵ月× 4 ヵ月＝￥6,000

支払利息（P/L）：￥9,000 ＋￥6,000 ＝￥15,000

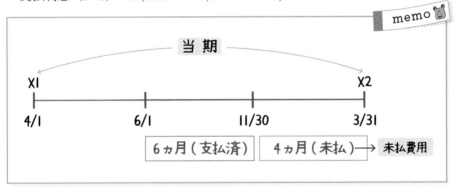

（6）経過勘定の処理（費用の繰延）

令和 X1 年 11 月 1 日に支出した家賃 6 ヵ月分のうち、令和 X1 年 11 月 1 日から令和 X2 年 3 月 31 日までの 5 ヵ月分は当期分です。そこで、来期分 1 ヵ月分を前払家賃として、次期に繰り延べます。

（ 前 払 家 賃 ）　　15,000　　（ 支 払 家 賃 ）　　15,000

前 払 費 用（B/S）：￥90,000 ÷ 6 ヵ月 × 1 ヵ月 ＝ ￥15,000

支 払 家 賃（P/L）：￥210,000 － ￥15,000 ＝ ￥195,000

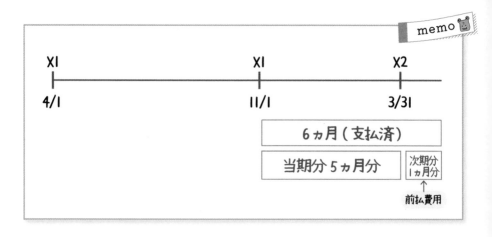

（7）法人税、住民税及び事業税の計上

当期純利益が確定したため、当期の法人税等を計上します。中間申告と納付を行っているため（仮払法人税等¥12,000）、未払法人税等に計上する金額に注意します。

（法 人 税 等）	30,000	（仮 払 法 人 税 等）	12,000
		（未 払 法 人 税 等）	18,000

未払法人税等（B/S）：¥30,000 － ¥12,000 ＝ ¥18,000
法 人 税 等（P/L）：¥30,000（問題資料から）

❸ 3. 貸借対照表・損益計算書への記入

《解答手順》

❶ 修正仕訳の結果を、加算・減算して答案用紙に書き写す
❷ 修正のない項目を答案用紙に書き写す
❸ 損益計算書の当期純利益を計算する

当期純利益（P/L）：¥3,930,000（収益合計）－ ¥3,771,000（費用合計）
　　　　　　　　　＝¥159,000

費用合計
¥3,771,000

損 益 計 算 書
令和 X1 年 4 月 1 日から令和 X2 年 3 月 31 日まで

売 上 原 価	(2,066,000)	売 上 高	(3,930,000)
給 料	(1,260,000)		
貸倒引当金繰入	7,000	収益合計	
減価償却費	(106,000)	¥3,930,000	
支 払 家 賃	(195,000)		
水道光熱費	(30,000)		
通 信 費	44,000		
保 険 料	(16,000)		
支 払 利 息	(15,000)		
雑 〔 損 〕	(2,000)		
法 人 税 等	30,000		
当期純〔利益〕	(159,000)		
	(3,930,000)		(3,930,000)

❹ 貸借対照表の繰越利益剰余金を求める

繰越利益剰余金（B/S）：¥977,100 ＋ ¥159,000 ＝ ¥1,136,100

第1回・第3問の下書き

1

$$（実）124,000 －（帳）129,000 ＝（過）△5,000$$
（現金を減らす）

（水　　　道）	3,000	（現　　　金）	5,000
（雑　　　損）	2,000		

2　間違った仕訳：（当　　座）52,000　（売　　掛）52,000
　　逆　仕　訳：（売　　掛）52,000　（当　　座）52,000
　　正しい仕訳：（当　　座）25,000　（売　　掛）25,000
　　訂　正　仕　訳：（売　　掛）27,000　（当　　座）27,000

3　（備　　　品）96,000　（仮　　　払）96,000

4　（仮　受　金）88,000　（売　　　上）80,000
　　　　　　　　　　　　　　（仮　　　受）8,000

9

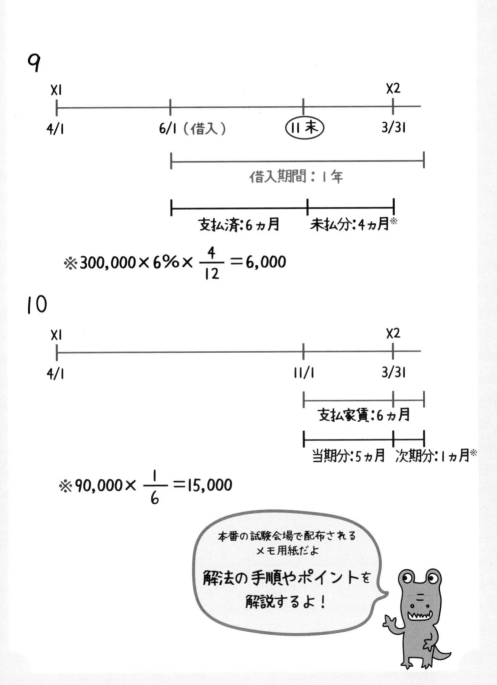

$$※300,000 \times 6\% \times \frac{4}{12} = 6,000$$

10

$$※90,000 \times \frac{1}{6} = 15,000$$

本番の試験会場で配布される
メモ用紙だよ

解法の手順やポイントを
解説するよ！

▶ 第 1 問（45 点） 解答・解説

解 答

	借 方		貸 方	
	記 号	金 額	記 号	金 額
1	（ カ ）	400,000	（ オ ）	440,000
	（ イ ）	40,000	（ ）	
	（ ）		（ ）	
	（ ）		（ ）	
2	（ ウ ）	180,000	（ エ ）	600,000
	（ ア ）	420,000	（ ）	
	（ ）		（ ）	
	（ ）		（ ）	
3	（ ウ ）	1,280,000	（ ア ）	1,280,000
	（ ）		（ ）	
	（ ）		（ ）	
	（ ）		（ ）	
4	（ オ ）	80,000	（ イ ）	80,000
	（ ）		（ ）	
	（ ）		（ ）	
	（ ）		（ ）	
5	（ エ ）	270,000	（ ウ ）	270,000
	（ ）		（ ）	
	（ ）		（ ）	
	（ ）		（ ）	
6	（ イ ）	12,000	（ ウ ）	10,000
	（ オ ）	3,000	（ エ ）	5,000
	（ ）		（ ）	
	（ ）		（ ）	
7	（ カ ）	440	（ ア ）	200,000
	（ ア ）	199,560	（ ）	
	（ ）		（ ）	
	（ ）		（ ）	

	借	方	貸	方
	記　号	金　額	記　号	金　額
8	（　エ　）	202,000	（　ア　）	60,000
	（　　　）		（　ウ　）	140,000
	（　　　）		（　イ　）	2,000
	（　　　）		（　　　）	
9	（　イ　）	360,000	（　カ　）	14,000
	（　　　）		（　ウ　）	28,000
	（　　　）		（　オ　）	318,000
	（　　　）		（　　　）	
10	（　ア　）	150,000	（　ウ　）	150,000
	（　　　）		（　　　）	
	（　　　）		（　　　）	
	（　　　）		（　　　）	
11	（　イ　）	20,000	（　カ　）	20,000
	（　　　）		（　　　）	
	（　　　）		（　　　）	
	（　　　）		（　　　）	
12	（　ア　）	100,000	（　オ　）	100,000
	（　　　）		（　　　）	
	（　　　）		（　　　）	
	（　　　）		（　　　）	
13	（　エ　）	200,000	（　ア　）	200,000
	（　　　）		（　　　）	
	（　　　）		（　　　）	
	（　　　）		（　　　）	
14	（　イ　）	70,000	（　エ　）	70,000
	（　　　）		（　　　）	
	（　　　）		（　　　）	
	（　　　）		（　　　）	
15	（　エ　）	40,000	（　オ　）	32,000
	（　　　）		（　ア　）	8,000
	（　　　）		（　　　）	
	（　　　）		（　　　）	

配点 仕訳問題1題につき3×15題＝45点

1．証憑からの仕訳、消費税の処理

|（　仕　　　　入　）|400,000|（　買　　掛　　金　）|440,000|
|（仮払消費税）|40,000|||

証憑から仕訳を行う問題です。代金は「後日支払う」とあり、「掛けとした」と同じ意味ですから、**買掛金勘定（負債）の貸方**に記入します。

仕　　　　入：¥150,000 ＋ ¥200,000 ＋ ¥50,000 ＝ ¥400,000

2．賃貸借契約の解除に伴う処理

|（　修　　繕　　費　）|180,000|（　差入保証金　）|600,000|
|（　当　座　預　金　）|420,000|||

建物の賃貸借契約を解除した場合の仕訳です。契約を結んだ際に預けた敷金・保証金は、**差入保証金勘定（資産）の借方**に記入しています。

|（　差入保証金　）|600,000|（　現　　金　　等　）|600,000|

契約の解除にあたり、差入保証金勘定の貸方に記入するとともに、原状回復のための費用は、**修繕費勘定（費用）の借方**に記入します。

当座預金：¥600,000 － ¥180,000 ＝ ¥420,000

3. 売上原価の算定と決算振替仕訳

（損　　　　　益）1,280,000　　（仕　　　　　入）1,280,000

決算振替記入の問題です。決算振替記入の前に次の決算整理記入が行われ、仕入勘定の残高として売上原価が算定されています。

売上原価算定のための決算整理仕訳：

（仕　　　　　入）100,000　　（繰 越 商 品）100,000
（繰 越 商 品）170,000　　（仕　　　　　入）170,000

売上原価（仕入勘定の残高）：¥100,000 ＋ ¥1,350,000 － ¥170,000
　　　　　　　　　　　　　 ＝ ¥1,280,000

そこで、仕入勘定で算定した売上原価¥1,280,000を損益勘定に振り替えます。

4. 当座借越の期末処理と再振替記入

（当 座 借 越）80,000　　（当 座 預 金）80,000

前年度末において、当座預金勘定の貸方残高を当座借越勘定に振り替える仕訳を行っています。

当座借越に関する決算整理仕訳：

（当 座 預 金）80,000　　（当 座 借 越）80,000

そこで、当期首において上記決算整理仕訳の逆仕訳（再振替仕訳）を行います。

5. 証憑からの仕訳

| （備　　　品） | 270,000 | （仮　払　金） | 270,000 |

固定資産の購入に関する処理を聞いています。問題には、事務用物品の購入とありますが消耗品の購入ではなく、備品の購入と判断します。また配送料は付随費用として固定資産の取得原価に含めます。

なお、代金を支払った際に、**仮払金勘定（資産）**で処理していた、とあります。

| （仮　払　金） | 270,000 | （現　金　等） | 270,000 |

そこで、仮払金勘定の貸方に記入して減らします。

6. 現金過不足の期末整理

| （現 金 過 不 足） | 12,000 | （受 取 利 息） | 10,000 |
| （通　信　費） | 3,000 | （雑　　　益） | 5,000 |

現金過不足の処理です。現金過不足発生時に次の処理を行っており、現金過不足勘定残高¥12,000は貸方残高と判断できます。

現金過不足発生時：

| （現　　　金） | 12,000 | （現 金 過 不 足） | 12,000 |

解答作成上は、次の3つのステップに分けて考えましょう。

（1）通信費の計上

| （通　信　費） | 3,000 | （現 金 過 不 足） | 3,000 |

（2）受取利息の計上

| （現 金 過 不 足） | 10,000 | （受 取 利 息） | 10,000 |

(3) 雑益の計上

| （ 現 金 過 不 足 ） | 5,000 | （ 雑　　　　益 ） | 5,000 |

雑　　　益：仕訳の貸借差額で求める。

7. 売掛金回収の処理

| （ 支 払 手 数 料 ） | 440 | （ 売　　掛　　金 ） | 200,000 |
| （ 当 座 預 金 ） | 199,560 | | |

売掛金の回収の処理です。学習上は、振込手数料の処理は取り扱わないことが多いのですが、ここでは振込手数料を計上する処理を聞いています。振込手数料は、支払手数料勘定（費用）の借方に記入します。

8. 商品の仕入取引と手付金の処理

（ 仕　　　　入 ）	202,000	（ 前　払　金 ）	60,000
		（ 支 払 手 形 ）	140,000
		（ 現　　　　金 ）	2,000

手付金または内金を支払った際、前払金勘定（資産）の借方に記入しています。

| （ 前　払　金 ） | 60,000 | （ 現 金 等 ） | 60,000 |

そこで、商品仕入にあたり、前払金勘定の貸方に記入します。また仕入勘定には運送保険料￥2,000を付随費用として含めます。

仕　　　入：￥200,000 ＋ ￥2,000 ＝ ￥202,000
前 払 金：￥200,000 × 30% ＝ ￥60,000
支払手形：￥200,000 － ￥60,000 ＝ ￥140,000

9. 給料の支払いの処理

（ 給 料 ）	360,000	（ 従 業 員 立 替 金 ）	14,000
		（ 所 得 税 預 り 金 ）	28,000
		（ 普 通 預 金 ）	318,000

給料の支払いの処理です。従業員の生命保険料を支払った際に、次の処理を行っています。

立替払い時：

（ 従 業 員 立 替 金 ）	14,000	（ 現 金 等 ）	14,000

そこで、給与支払時には、**従業員立替金勘定（資産）**の貸方に記入します。

10. 電子記録債権の期日回収

（ 当 座 預 金 ）	150,000	（ 電 子 記 録 債 権 ）	150,000

電子記録債権の回収をした処理です。電子記録債権の発生・登録時には次の仕訳を行っています。

発生・登録時：

（ 電 子 記 録 債 権 ）	150,000	（ 売 掛 金 ）	150,000

ここでは期日を迎えて、電子記録債権が決済されたため、**電子記録債権勘定（資産）**の貸方に記入します。

11. 旅費交通費の処理

（ 旅 費 交 通 費 ）	20,000	（ 現 金 ）	20,000

IC カードにチャージした際の処理には次の2つの方法があります。

（イ）購入時に仮払金勘定で処理する

（ロ）購入時に全額を費用計上する〈本問〉

本問では（ロ）の方法によっています。そこで、入金した全額を**旅費交通費**勘定（費用）の借方に記入します。

12. 仮受金の処理

（ 仮　受　金 ） 100,000 　 （ 前　受　金 ） 100,000

従業員からの内容不明の入金について、すでに次の処理が行われています。

内容不明の入金時：

（ 当 座 預 金 ） 100,000 　 （ 仮　受　金 ） 100,000

本問では、上記振込の内容が判明したため、**前受金勘定（負債）**の貸方に記入するとともに、**仮受金勘定（負債）**の借方に記入して減らします。

13. 未払金の処理

（ 未　払　金 ） 200,000 　 （ 普 通 預 金 ） 200,000

備品購入の際に、次の仕訳を行っています。

備品購入時：

（ 備　　　品 ） 1,000,000 　 （ 未　払　金 ） 1,000,000

購入代金はまだ支払っていないため、**未払金勘定（負債）**で処理します。そして今回は 1 回目の月賦を支払ったため、第 1 回目の割賦金 ¥200,000 について、未払金勘定の借方に記入します。

月賦支払額：¥1,000,000 ÷ 5 回 ＝ ¥200,000

14. 源泉所得税の納付

（所得税預り金）	70,000	（現　　　金）	70,000

源泉所得税を徴収する際に、次の仕訳を行っています。

（給　　　料）	×××	（所得税預り金）	×××
		（社会保険料預り金）	×××
		（普通預金等）	×××

従業員から預かった所得税を納付したため、所得税預り金勘定（負債）の借方に記入して減らします。

15. 商品券の処理

（受取商品券）	40,000	（売　　　上）	32,000
		（現　　　金）	8,000

商品券の処理の問題です。顧客から受け取った商品券は、発行者に対する債権となります。そこで、受取商品券勘定（資産）の借方に記入します。また、実際の売上高との差額は、現金で精算することになります。

MEMO

第2回・第2問［問1］の下書き

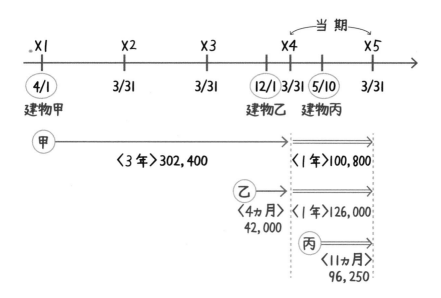

181

第2回・第2問［問2］の下書き

（A）

本来の取引：	（備 品）	100,000	（現 金）	40,000		
			（未払金）	60,000		
振 伝：	（備 品）	60,000	（未払金）	60,000	（－	
出 伝：	（備 品）	40,000	（現 金）	40,000		

（B）

本来の取引：	（現 金）	250,000	（売 上）	400,000		
	（売掛金）	150,000				
入 伝：	（現 金）	250,000	（売掛金）	250,000	（－	
振 伝：	（売掛金）	400,000	（売 上）	400,000		

本番の試験会場で配布される
メモ用紙だよ

**解法の手順やポイントを
解説するよ！**

▶ 第2問(20点) 解答・解説

解答

〔問1〕

ア	イ	ウ	エ	オ
1,064,000	1,379,000	344,400	323,050	667,450

配点 1つにつき2点×5 = 10点

〔問2〕

①	②	③	④	⑤
出　　　金	40,000	備　　　品	売　掛　金	400,000

配点 1つにつき2点×5 = 10点

解 説

〔問1〕固定資産に関する勘定記入

固定資産の購入と減価償却の処理を確認する問題です。次のような点に注意します。

> ・固定資産毎の取得時期、過去の減価償却期間など
> ・減価償却累計額の前期繰越高
> ・減価償却費の月割計算

1. それぞれの建物の取得時期を整理します。

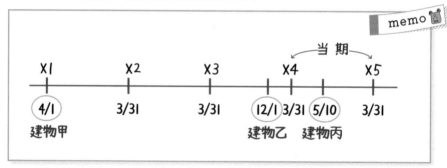

【建物甲】当期首までに3年間（X2.4.1からX5.3.31まで）経過し、3回の減価償却が行われている。

【建物乙】当期首までに4ヵ月間（X4.12.1からX5.3.31まで）経過し、月割計算によって4ヵ月分の減価償却費が計上されている。

【建物丙】当期5月10日に取得し、11ヵ月使用した。

2．建物ごとの会計処理を整理してみましょう。

	建物甲	建物乙	建物丙
X1.4.1	(建物) 560,000 ／ (当座預金) 560,000	－	－
X2.3.31	(減価償却費)100,800 ① ／ (減価償却累計額)100,800	－	－
X3.3.31	(減価償却費)100,800 ／ (減価償却累計額)100,800	－	－
X3.12.1	－	(建物) 504,000 ／ (当座預金) 504,000	－
X4.3.31	(減価償却費)100,800 ／ (減価償却累計額)100,800	(減価償却費)42,000 ② ／ (減価償却累計額)42,000	－
X4.5.10	－	－	(建物) 315,000 ／ (当座預金) 315,000
X5.3.31	(減価償却費)100,800 ／ (減価償却累計額)100,800	(減価償却費)126,000 ③ ／ (減価償却累計額)126,000	(減価償却費)96,250 ④ ／ (減価償却累計額)96,250

（1）各建物の減価償却費の計算について

① 建物甲の減価償却費： $\dfrac{¥560,000 - ¥560,000 \times 10\%}{5 \text{年}} = ¥100,800$

② 建物乙の減価償却費： $\dfrac{¥504,000}{4 \text{年}} \times \dfrac{4 \text{ヵ月}}{12 \text{ヵ月}} = ¥42,000$

③ 建物乙の減価償却費： $\dfrac{¥504,000}{4 \text{年}} = ¥126,000$

④ 建物丙の減価償却費： $\dfrac{¥315,000}{3 \text{年}} \times \dfrac{11 \text{ヵ月}}{12 \text{ヵ月}} = ¥96,250$

(2) 建物勘定、建物減価償却累計額勘定の金額

各年度の会計処理を参考に集計を行って、答案用紙の勘定口座の記入を完成していきます。

① 建物勘定

　前 期 繰 越：¥560,000 ＋ ¥504,000 ＝ ¥1,064,000

　当 座 預 金：¥315,000

　次 期 繰 越：¥1,064,000 ＋ ¥315,000 ＝ ¥1,379,000

② 建物減価償却累計額勘定

　前 期 繰 越：¥100,800 × 3 年 ＋ ¥42,000 ＝ ¥344,400

　減 価 償 却 費：¥100,800 ＋ ¥126,000 ＋ ¥96,250 ＝ ¥323,050

　次 期 繰 越：¥344,400 ＋ ¥323,050 ＝ ¥667,450

建　　物

X4 4/ 1 前 期 繰 越	（1,064,000）	X5 3/31 次 期 繰 越	（1,379,000）
5/10 当 座 預 金	（ 315,000）		
	（1,379,000）		（1,379,000）

建物減価償却累計額

X5 3/31 次 期 繰 越	（ 667,450）	X4 4/ 1 前 期 繰 越	（ 344,400）
		X5 3/31 減 価 償 却 費	（ 323,050）
	（ 667,450）		（ 667,450）

〔問２〕伝票会計

3 伝票制から一部現金取引に関する問題です。次のような手順で考えます。

❶　本来の取引を下書き用紙に仕訳として書き出す

❷　一方の伝票に記入された取引を仕訳する

❸　本来の取引の仕訳から、一方の伝票に書かれた仕訳を差し引いて答え
　　を求める

（1）本来の取引は、（① 出　金）伝票と振替伝票に分けて記入されていま
　　　す。そこで、

　　❶　本来の取引の仕訳を書き出します。

　　❷　次に、振替伝票に記入された仕訳を書き出します。

　　❸　❶から❷を差し引くことで、出金伝票の記入を推定します。

memo🐻

❶本来の取引	（借）備　　品	100,000	（貸）現　　金	40,000			
			未 払 金	60,000			
❷振替伝票	（借）（③備　品）	60,000	（貸）未 払 金	60,000 （－			
❸出金伝票	（借）（備　品）（②40,000）	（貸）現　　金	40,000				

　　備　　品：¥100,000 － ¥60,000 ＝ ¥40,000

　　現　　金：¥40,000 － 0 ＝ ¥40,000

　　未 払 金：¥60,000 － ¥60,000 ＝ 0

（2）本来の取引は、（入　金）伝票と振替伝票に分けて記入されています。
　　　また入金伝票では**売掛金回収の記入**となっているため、全額を掛け
　　　取引として起票する方法によって処理されているとわかります。

　❶ 本来の取引の仕訳を書き出します。

　❷ 次に、入金伝票に記入された仕訳を書き出します。

　❸ ❶から❷を差し引くことで、振替伝票の記入を推定します。

❶本来の取引 （借）現 金 250,000 （貸）売 上 400,000

　　　　　　　　売 掛 金 150,000

❷入金伝票 （借）現 金 250,000 （貸）売 掛 金 250,000 （−

❸振替伝票 （借）（④売 掛 金） 400,000 （貸）売 上 （⑤400,000）

現　　金：￥250,000 − ￥250,000 ＝ 0
売 掛 金：￥150,000 −（−￥250,000）＝￥400,000
売　　上：￥400,000 − 0 ＝￥400,000

●仕訳の考え方（再振替仕訳）

→再振替仕訳は元になった決算整理仕訳の逆仕訳と考えましょう。

4．前期の決算において、当座預金勘定の貸方残高¥80,000を当座借越勘定に振り替えていたが、本日（当期首）、再振替記入を行った。

ア 現　　　　　金　イ 当　座　預　金　ウ 貸　　付　　金
エ 売　　　　　上　オ 当　座　借　越　カ 支　払　手　数　料

---

① 決算整理仕訳をしてみる

（当座預金）80,000　　（当座借越）80,000

② ①の逆仕訳をしてみる

（当座借越）80,000　　（当座預金）80,000

→②の仕訳が**再振替仕訳**です。

●素早く解くポイント

試験の制限時間は 60 分です。

「練習しているのに時間内で解けない」

と感じている方は次のように取り組んでみてはどうでしょう。

第1回	第2回	第3回
第1問	第1問	第1問
第2問	第2問	第2問
第3問	第3問	第3問

模擬試験問題はふつう第1回から第2回へ、というように解くと思います。

しかし、これを第1問だけ、第2問だけというように解きます（矢印参照）。

これは解法パターン毎に解くので素早く解けるようになります。

本番の試験会場で配布される
メモ用紙だよ

解法の手順やポイントを
解説するよ！

▶第3問(35点) 解答・解説

解 答

貸 借 対 照 表
令和X4年3月31日

小 口 現 金	(10,800)	買 掛 金	(120,000)
当 座 預 金	(100,000)	[未払金]	(20,000)
受 取 手 形 (75,000)		借 入 金	(130,000)
貸倒引当金 (△ 1,500) (73,500)		未払法人税等	(15,400)
売 掛 金 (75,000) ( )		未払消費税	(19,460)
貸倒引当金 (△ 1,500) (73,500)		[未払] 費用	(650)
商 品	(56,000)	資 本 金	(200,000)
前 払 費 用	(2,800)	繰越利益剰余金	(120,540)
貯 蔵 品	(700)		
建 物 (350,000)			
減価償却累計額 (77,000) (273,000)			
備 品 (70,000)			
減価償却累計額 (34,250) (35,750)			
	(626,050)		(626,050)

損 益 計 算 書

令和 X3 年 4 月 1 日から令和 X4 年 3 月 31 日まで

売 上 原 価	(392,000)	売 上 高	(	680,600)
給　　　料	(128,800)	受 取 家 賃	(	15,000)
保 険 料	(8,400)			
旅 費 交 通 費	(22,200)			
消 耗 品 費	(10,700)			
租 税 公 課	(22,600)			
貸倒引当金繰入	(1,000)			
減 価 償 却 費	(16,250)			
支 払 利 息	(9,050)			
法 人 税 等	(15,400)			
当期純[利益]	(69,200)			
	(695,600)			(695,600)

配点 　□ 1 つにつき 4 点× 5 = 20 点　┆┄┆ 1 つにつき 3 点× 5 = 15 点　計 35 点

192

解 説

❯ 1. 未処理事項の処理

(1) 小口現金（支払報告の処理）

未記帳となっていた、小口現金の支払報告の仕訳を行います。なお、「補給は翌期に行う」とあるため、補給の仕訳は行いません。

| （消　耗　品　費） | 2,000 | （小　口　現　金） | 7,200 |
| （旅 費 交 通 費） | 5,200 | | |

小 口 現 金（B/S）：¥18,000 － ¥7,200 ＝ **¥10,800**
消 耗 品 費（P/L）：¥8,700 ＋ ¥2,000 ＝ **¥10,700**
旅 費 交 通 費（P/L）：¥17,000 ＋ ¥5,200 ＝ **¥22,200**

(2) 有形固定資産（備品）の購入

7月10日に購入した備品の代金は2ヵ月後に支払う約束です。そしてこの場合は、商品ではなく備品を買ったため、買掛金勘定ではなく未払金勘定を用います。

| （買　　掛　　金） | 20,000 | （未　　払　　金） | 20,000 |

未 払 金（B/S）：**¥20,000**
買 掛 金（B/S）：¥140,000 － ¥20,000 ＝ **¥120,000**

(3) 仮受金の処理

試算表の仮受金の内容が判明したため、適当な勘定に振り替えます。

（仮　受　金）　30,000　（売　掛　金）　30,000

売　掛　金（B/S）：¥105,000 − ¥30,000 = ¥75,000

（注）貸倒引当金の設定では、修正後残高¥75,000を用いて計算します。

● 2. 決算整理事項の処理

(1) 貸倒れの見積り

差額補充法によって期末売上債権残高に対して2％の貸倒れを見積ります。

（貸倒引当金繰入）　1,000　（貸 倒 引 当 金）　1,000

受　取　手　形（B/S）：¥75,000
貸 倒 引 当 金（B/S）：¥75,000 × 2％ = ¥1,500
売　掛　金（B/S）：¥75,000
貸 倒 引 当 金（B/S）：¥75,000 × 2％ = ¥1,500
貸倒引当金繰入（P/L）：（¥1,500 + ¥1,500）− ¥2,000 = ¥1,000

(2) 売上原価の算定

期首商品棚卸高：¥42,000（資料Ⅰ・繰越商品残高から）
期末商品棚卸高：¥56,000（資料Ⅱ・5から）

（仕　　　入）　42,000　（繰 越 商 品）　42,000
（繰 越 商 品）　56,000　（仕　　　入）　56,000

売上原価（P/L）：¥42,000 ＋ ¥406,000 － ¥56,000 ＝ ¥392,000

商　　　品（B/S）：¥56,000（期末商品棚卸高）

仕		入	
期　首　商　品	42,000	売　上　原　価	
当期商品仕入高			? → 392,000
	406,000		
		期　末　商　品	56,000

（3）固定資産の減価償却

① 建　物

定額法によって、減価償却費を計算します。

建物減価償却費：$\dfrac{¥350,000 - 0}{50 年} = ¥7,000$

（減 価 償 却 費）　　7,000　　（建物減価償却累計額）　　7,000

② 備　品

当期に取得した備品（新備品）と、従来から所有する備品を分けて考えます。

【旧備品】

備品減価償却費：$\dfrac{¥70,000 - ¥20,000}{8 年} = ¥6,250$

【新備品】

備品減価償却費：$\dfrac{¥20,000}{5 年} \times \dfrac{9}{12} = ¥3,000$

（減 価 償 却 費）　　9,250　　（減価償却累計額）　　9,250

¥6,250 ＋ ¥3,000 ＝ ¥9,250

【新備品の経過期間について】

新備品の取得から決算までの経過期間は9ヵ月です（月割計算）。7月10日取得ですが、7月は1ヵ月としてカウントします。

減 価 償 却 費（P/L）：￥7,000 ＋￥9,250 ＝￥16,250

建物減価償却累計額（B/S）：￥70,000 ＋￥7,000 ＝￥77,000

備品減価償却累計額（B/S）：￥25,000 ＋￥9,250 ＝￥34,250

建　　　　　物（B/S）：￥350,000 －￥77,000 ＝￥273,000

備　　　　　品（B/S）：￥70,000 －￥34,250 ＝￥35,750

(4) 費用の前払い

① 再振替記入

当期首において再振替記入が行われていません。そこで当期末に処理を行います。

| （租 税 公 課） | 3,000 | （貯 蔵 品） | 3,000 |

② 当期未使用分の計上

当期末の未使用分￥700を当期の租税公課勘定からマイナスし、貯蔵品勘定に振り替えることで資産として次期に繰り越します。

| （貯 蔵 品） | 700 | （租 税 公 課） | 700 |

貯　蔵　品（B/S）：¥**700**

租 税 公 課（P/L）：¥20,300 ＋ ¥3,000 － ¥700 ＝ ¥**22,600**

（5）費用の繰延べ

「毎年8月1日に12ヵ月分の保険料を支払っている」とあるため、問題文〔資料Ⅰ〕の保険料¥11,200は、16ヵ月分であることに注意します。

①　期首再振替記入

前年度末の決算整理仕訳の逆仕訳を再振替記入として行います。

（ 保　　険　　料 ）　4ヵ月分　　（ 前 払 保 険 料 ）　4ヵ月分

この段階で金額は不明のため、「4ヵ月分」とします。

②　令和X3年8月1日

8月1日に保険料12ヵ月分を一括して支払ったときの仕訳です。

（ 保　　険　　料 ）12ヵ月分　　（ 現　　金　　等 ）12ヵ月分

この段階で金額は不明のため、「12ヵ月分」とします。

①と②から、保険料勘定の借方には、**16ヵ月分の保険料**が計上されていると分かります。

③　令和X4年3月31日

次期分の保険料を繰り延べます。

（ 前 払 保 険 料 ）　4ヵ月分　　（ 保　　険　　料 ）　4ヵ月分

保 険 料 月 額：¥11,200 ÷ 16ヵ月 ＝ ¥**700/月**

前払費用(B/S)：¥700/月 × 4ヵ月 ＝ ¥**2,800**

保 険 料(P/L)：¥11,200 － ¥2,800 ＝ ¥**8,400**

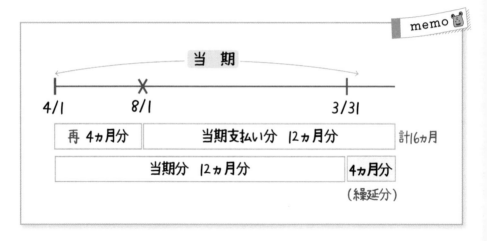

(6) 未払利息の計上

$$(支 払 利 息) \quad 650 \quad (未 払 利 息) \quad 650$$

未 払 費 用(B/S)：¥130,000 × 2% × $\dfrac{3}{12}$ = ¥650

支 払 利 息(P/L)：¥8,400 + ¥650 = ¥9,050

(7) 消費税の処理

仮払消費税勘定と仮受消費税勘定を相殺し、消費税の納付額を未払消費税勘定（負債）に計上します。

$$(仮 受 消 費 税) \quad 60,060 \quad (仮 払 消 費 税) \quad 40,600$$
$$(未 払 消 費 税) \quad 19,460$$

未払消費税 (B/S)：¥60,060 − ¥40,600 = ¥19,460

(8) 法人税、住民税及び事業税の計上

当期純利益が確定したため、当期の法人税等を計上します。

$$(法 人 税 等) \quad 15,400 \quad (未 払 法 人 税 等) \quad 15,400$$

未払法人税等(B/S)：¥15,400

法 人 税 等(P/L)：¥15,400（問題資料から）

❯ 3. 貸借対照表・損益計算書の完成

《解答手順》

❶ 修正仕訳の結果を、加算・減算して答案用紙に書き写す

❷ 修正のない項目を答案用紙に書き写す

❸ 損益計算書の当期純利益を計算する

当期純利益(P/L)：¥695,600（収益合計） − ¥626,400(費用合計)
= ¥69,200

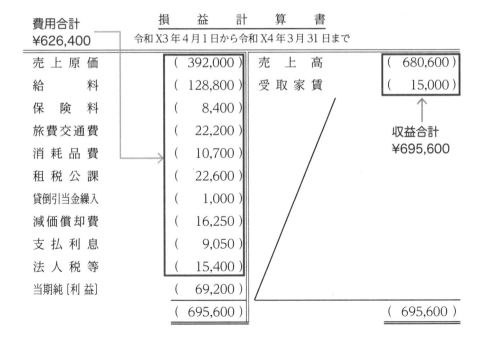

費用合計
¥626,400

損 益 計 算 書
令和X3年4月1日から令和X4年3月31日まで

売 上 原 価	（ 392,000 ）	売 上 高	（ 680,600 ）
給 料	（ 128,800 ）	受 取 家 賃	（ 15,000 ）
保 険 料	（ 8,400 ）		
旅 費 交 通 費	（ 22,200 ）		
消 耗 品 費	（ 10,700 ）		
租 税 公 課	（ 22,600 ）		
貸倒引当金繰入	（ 1,000 ）		
減 価 償 却 費	（ 16,250 ）		
支 払 利 息	（ 9,050 ）		
法 人 税 等	（ 15,400 ）		
当期純[利益]	（ 69,200 ）		
	（ 695,600 ）		（ 695,600 ）

収益合計
¥695,600

❹ 貸借対照表の繰越利益剰余金を求める

繰越利益剰余金(B/S)：¥51,340 ＋ ¥69,200 ＝ ¥120,540

第2回・第3問の下書き

1.

(消 耗)	2,000	(小 口)	7,200
(旅 費)	5,200		

2.

逆 仕 訳：(買 掛) 20,000 (備 品) 20,000

正しい仕訳：(備 品) 20,000 (未 払) 20,000(+

(買 掛) 20,000 (未 払) 20,000

3.

(仮 受)	30,000	(売 掛)	30,000

6. (2)

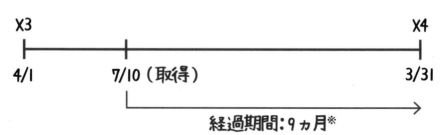

X3　　　　　　　　　　　　　　　　　　　　　　X4

4/1　　　　7/10（取得）　　　　　　　　　　　　3/31

経過期間：9ヵ月※

$$※ \; 20{,}000 \times \frac{1}{5} \times \frac{9}{12} = 3{,}000$$

7.

(租 税 公 課)	3,000	(貯 蔵)	3,000
(貯 蔵)	700	(租 税 公 課)	700

8.

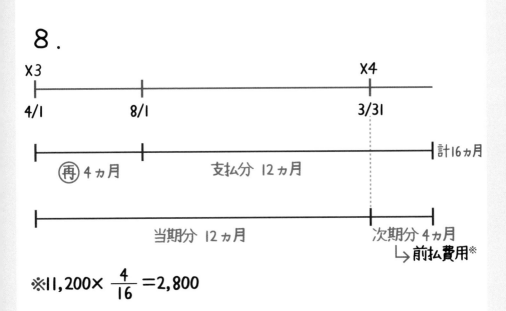

※$11,200×\dfrac{4}{16}=2,800$

本番の試験会場で配布される
メモ用紙だよ

**解法の手順やポイントを
解説するよ！**

▶ 第1問 (45点) 解答・解説

(解 答)

	借 方		貸 方	
	記 号	金 額	記 号	金 額
1	(イ)	395,000	(ウ)	750,000
	(カ)	75,000	(オ)	20,000
	(エ)	300,000	( )	
	( )		( )	
2	(ウ)	230,000	(エ)	230,000
	( )		( )	
	( )		( )	
	( )		( )	
3	(オ)	20,000	(イ)	25,000
	(カ)	5,000	( )	
	( )		( )	
	( )		( )	
4	(ア)	20,000	(エ)	80,000
	(ウ)	57,600	( )	
	(オ)	2,400	( )	
	( )		( )	
5	(イ)	4,000	(ア)	4,000
	( )		( )	
	( )		( )	
	( )		( )	
6	(ア)	154,000	(カ)	350,000
	(イ)	231,000	(オ)	35,000
	( )		( )	
	( )		( )	
7	(カ)	50,000	(イ)	50,000
	(ウ)	1,000,000	(ア)	1,000,000
	( )		( )	
	( )		( )	

	借	方	貸	方
	記　号	金　額	記　号	金　額
8	（　イ　）	500,000	（　ウ　）	3,000,000
	（　エ　）	2,500,000	（　　　）	
	（　　　）		（　　　）	
	（　　　）		（　　　）	
9	（　オ　）	683,000	（　イ　）	503,000
	（　　　）		（　ウ　）	110,000
	（　　　）		（　エ　）	70,000
	（　　　）		（　　　）	
10	（　イ　）	980,000	（　カ　）	35,000
	（　　　）		（　ウ　）	78,000
	（　　　）		（　エ　）	867,000
	（　　　）		（　　　）	
11	（　ウ　）	87,000	（　イ　）	87,000
	（　　　）		（　　　）	
	（　　　）		（　　　）	
	（　　　）		（　　　）	
12	（　イ　）	30,000	（　ア　）	120,000
	（　ウ　）	50,000	（　　　）	
	（　カ　）	40,000	（　　　）	
	（　　　）		（　　　）	
13	（　イ　）	200,000	（　ア　）	40,000
	（　　　）		（　ウ　）	160,000
	（　　　）		（　　　）	
	（　　　）		（　　　）	
14	（　カ　）	750,000	（　イ　）	190,000
	（　　　）		（　エ　）	530,000
	（　　　）		（　ア　）	30,000
	（　　　）		（　　　）	
15	（　ウ　）	44,810	（　エ　）	50,000
	（　ア　）	5,190	（　　　）	
	（　　　）		（　　　）	
	（　　　）		（　　　）	

配点　仕訳問題1題につき3点×15題＝45点

1. 固定資産の期中売却

（未 収 入 金）	395,000	（備　　　品）	750,000
（減 価 償 却 費）	75,000	（備 品 売 却 益）	20,000
（減価償却累計額）	300,000		

固定資産の期中売却の処理を聞いています。期中売却した場合、当期期首から売却日までの 6 ヵ月分の減価償却費は月割計算によって計上します。

年 間 減 価 償 却 費：$\dfrac{¥750,000 - 0}{5 年} = ¥150,000$

当期経過分減価償却費：$¥150,000 \times \dfrac{6 ヵ月}{12 ヵ月} = ¥75,000$

減 価 償 却 累 計 額：$¥150,000 \times 2 年 = ¥300,000$

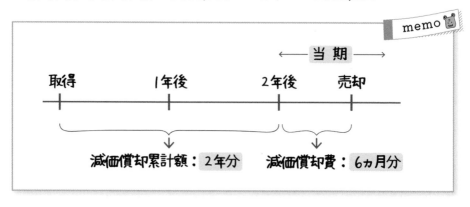

帳 簿 価 額：取得原価 ¥750,000 － （減価償却累計額 ¥300,000
　　　　　　＋減価償却費 ¥75,000）＝ ¥375,000

備品売却益：¥395,000〈売却価額〉－ ¥375,000〈帳簿価額〉＝ ¥20,000

■仕訳からも帳簿価額はわかる

（減 価 償 却 費）　75,000　　（備　　　　品）750,000
（減価償却累計額）300,000

差額が帳簿価額 {

2. 銀行預金

（普通預金丸の内銀行）　230,000　　（普通預金赤坂銀行）　230,000

複数の預金口座を所有する場合、「普通預金○○銀行」のように銀行名など
を付けて口座毎の入出金を管理することがあります。本問では、訂正仕訳の
要素もあるため、次のように処理します。

(1) 間違えた仕訳

間違えた仕訳をします。

（普通預金赤坂銀行）　230,000　　（売　　掛　　金）　230,000

(2) (1) の仕訳を取り消す

貸借反対の仕訳をして取り消します。

（売　　掛　　金）　230,000　　（普通預金赤坂銀行）　230,000

(3) 正しい仕訳を行う

（普通預金丸の内銀行）　230,000　　（売　　掛　　金）　230,000

（2）と（3）の仕訳を合わせたものが解答の仕訳です。

3. 返品の処理・送料の処理

（売　　　　上）	20,000	（売　掛　金）	25,000
（発　送　費）	5,000		

返品の処理とそれに伴う発送費の処理の問題です。次のように2つに分解して考えます。

（1）売上戻りの処理

（売　　　　上）	20,000	（売　掛　金）	20,000

（2）返品の送料の計上

（発　送　費）	5,000	（売　掛　金）	5,000

上記の2つの仕訳を合わせたものが解答の仕訳です。

4. クレジット取引

（現　　　　金）	20,000	（売　　　　上）	80,000
（クレジット売掛金）	57,600		
（支 払 手 数 料）	2,400		

クレジット取引を行った場合、**クレジット売掛金勘定（資産）**の借方に記入します。また、クレジット手数料について販売時に計上することにしています。クレジット手数料は、精算入金時に計上する場合もあるため、指示を確認した上で解答してください。

支 払 手 数 料：(80,000 − ¥20,000) × 4％ ＝ ¥2,400
クレジット売掛金：¥80,000 − ¥20,000 − ¥2,400 ＝ **¥57,600**

（1）現金売上の計上

（現　　　　　金）　20,000　（売　　　　　上）　20,000

（2）掛売上の計上

（クレジット売掛金）　60,000　（売　　　　　上）　60,000

（3）支払手数料を計上

（支 払 手 数 料）　2,400　（クレジット売掛金）　2,400

上の３つの仕訳を合わせた仕訳が解答の仕訳です。

5. 現金過不足

（現 金 過 不 足）　4,000　（現　　　　　金）　4,000

現金過不足は、現金帳簿残高と実際残高との差額です。本問では、実際残高を求める際に、簿記上の現金の範囲に含まれるものに注意します。

簿記上の現金：紙幣・硬貨＋他社振出小切手、郵便為替証書、送金小切手など

上記に含まれないもの：自社振出の小切手、約束手形

現金実際残高：¥ 58,200 ＋¥ 12,800 ＝¥ 71,000 ※

※ 簿記上の現金となるものを資料から集計します。

現 金 過 不 足：¥75,000〈帳簿残高〉－¥71,000〈実際残高〉＝¥4,000

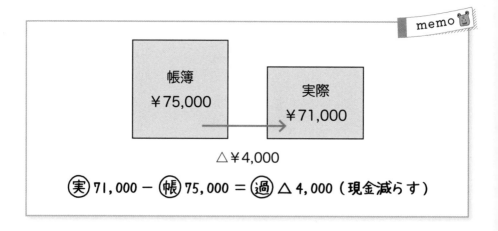

6. 消費税の処理

（ 現 　　　 金 ）	154,000	（ 売 　　　　 上 ）	350,000
（ 売 　掛　 金 ）	231,000	（ 仮 受 消 費 税 ）	35,000

消費税を預かった場合、**仮受消費税勘定（負債）**の貸方に記入します。な
お、代金について、税込み金額￥385,000の40％を現金で受け取り、残り
60％を掛けとしている点に注意してください。

仮受消費税：￥350,000 × 10％＝**￥35,000**

現　　金：（￥350,000＋￥35,000）× 40％＝**￥154,000**

売　掛　金：（￥350,000＋￥35,000）× 60％＝**￥231,000**

7. 資本的支出・収益的支出

（ 修 　繕　 費 ）	50,000	（ 普 通 預 金 ）	50,000
（ 建 　　　 物 ）	1,000,000	（ 当 座 預 金 ）	1,000,000

窓ガラスの取り替えのための費用￥50,000は修繕費として処理し、店舗を
耐震構造にするための支出￥1,000,000は資本的支出として、建物勘定で

処理します。

8. 銀行預金

（当 座 預 金）	500,000	（普 通 預 金）	3,000,000
（定 期 預 金）	2,500,000		

それぞれの預金種類に応じた勘定科目を使用して仕訳しますが、次のように
2つの仕訳に分解して考えます。

（1）普通預金口座から当座預金口座への預け入れ

（当 座 預 金）	500,000	（普 通 預 金）	500,000

（2）普通預金口座から定期預金口座への預け入れ

（定 期 預 金）	2,500,000	（普 通 預 金）	2,500,000

9. 決算振替記入

（損 益）	683,000	（仕 入）	503,000
		（給 料）	110,000
		（支 払 家 賃）	70,000

決算振替仕訳は、総勘定元帳上で当期純利益を計上するための仕訳であり、
次の3つの仕訳があります。

ここでは、費用の諸勘定を損益勘定に振り替えるための仕訳を聞いています。

▶ 収益の諸勘定を損益勘定の貸方に振り替えるための仕訳
▶ 費用の諸勘定を損益勘定の借方に振り替えるための仕訳（本問）
▶ 当期純利益を繰越利益剰余金勘定に振り替えるための仕訳

当期費用の合計額：¥503,000 ＋ ¥110,000 ＋ ¥70,000 ＝ ¥**683,000**

10. 給料支払時の処理

（ 給 料 ）	980,000	（社会保険料預り金）	35,000
		（所得税預り金）	78,000
		（ 現 金 ）	867,000

給料支払時には、次の点に注意が必要です。

▶ 社会保険（健康保険と厚生年金保険）の従業員負担分は、社会保険料預り金勘定を用いて処理する
▶ 所得税の源泉徴収税額は、所得税預り金勘定で処理する
▶ 従業員に対する立替金を控除する場合には、従業員立替金勘定の貸方に記入する

現金支給額：¥980,000 － ¥35,000 － ¥78,000 ＝ ¥**867,000**

11. 電子記録債権・債務

（電子記録債権）	87,000	（ 売 掛 金 ）	87,000

問題に「電子記録にかかる債権が生じた」とあるため、電子記録債権勘定（資産）の借方に記入します。また登録によって売掛金は消滅するため、売掛金勘定の貸方に記入します。

12. 売掛金の貸倒れ処理

（ 前 受 金 ）	30,000	（ 売 掛 金 ）	120,000
（ 貸 倒 引 当 金 ）	50,000		
（ 貸 倒 損 失 ）	40,000		

当期販売分売掛金の貸倒れ、前受金との相殺、前期販売分売掛金の貸倒れなど、いくつかの要素があります。そこで要素ごとに処理を考えます。

（1）前受金と売掛金の相殺

（ 前 受 金 ）	30,000	（ 売 掛 金 ）	30,000

（2）当期に販売した商品に係わる売掛金

当期販売分の売掛金については、全額を貸倒損失勘定で処理します（貸倒引当金を取り崩さない）。

（ 貸 倒 損 失 ）	15,000	（ 売 掛 金 ）	15,000

（3）前期以前に販売した商品に係わる売掛金

前期以前販売分の売掛金については、まず貸倒引当金を取り崩し、次に超過する分は貸倒損失で処理します。

（ 貸 倒 引 当 金 ）	50,000	（ 売 掛 金 ）	75,000
（ 貸 倒 損 失 ）	25,000		

この 3 つの仕訳を合わせた仕訳が解答の仕訳です。

13. 手付金の処理

（ 当 座 預 金 ）	200,000	（ 前 受 金 ）	40,000
		（ 仮 受 金 ）	160,000

得意先からの手付金は、**前受金勘定（負債）** で処理します。また、残額は内容不明の入金のため、**仮受金勘定（負債）** を用いて処理します。

14. 商品の仕入取引の処理

（仕 入）	750,000	（前 払 金）	190,000
		（買 掛 金）	530,000
		（現 金）	30,000

固定資産の購入と似ていますが、「販売目的の中古自動車」とあるため、商品の仕入取引と判断します。

> ▶ 引取費用は、仕入勘定に含めて処理します。
>
> ▶ すでに支払った手付金は、代金に充当するため、前払金勘定（資産）の貸方に記入して減らします。
>
> ▶ 残額は後日支払う約束ですが、商品の仕入れに係わるため、未払金勘定ではなく買掛金勘定（負債）を用います。

もしも、車両の購入が販売目的ではなく、営業等での使用が目的の場合、固定遺産の購入として取り扱い、次のように仕訳します。

（車両運搬具）	750,000	（前 払 金）	190,000
		（未 払 金）	530,000
		（現 金）	30,000

15. 証憑からの仕訳（仮払金の精算）

（旅費交通費）	44,810	（仮 払 金）	50,000
（現 金）	5,190		

仮払金の精算の問題です。主に旅費交通費等報告書に基づいて仕訳を行うことになります。また確認しておくべき点として、

・旅費交通費の総額はいくらか

・仮払額はいくらか

の2点があります。また、従業員の出発に際して仮払いしたとき、次の処理を行っています。

仮払い時：

（　仮　払　金　）　50,000　（　現　金　等　）　50,000

そこで精算時には、**仮払金勘定（資産）**の貸方に¥50,000と記入するとともに、**旅費交通費勘定（費用）**の借方に¥44,810と記入します。

第3回・第2問［問1］の下書き

（1）

本来の取引：（現　　金）　60,000　　（売　　上）180,000

（売 掛 金）120,000

①入　　　伝：（現　　金）　60,000　　（売　　上）　60,000（－

振　　　伝：（売 掛 金）120,000　　（売　　上）120,000
②　　　　　　　　　　　　　　　　　③

MEMO

（2）

本来の取引：(仕　　　入) 300,000　（現　　　金） 120,000
　　　　　　　　　　　　　　　　　（買 掛 金） 180,000
①出　　　伝：(買 掛 金) 120,000　（現　　　金） 120,000（－
　振　　　伝：(仕　　　入) 300,000　（買 掛 金） 300,000
　　　　　　　②　　　　　③　　　　　　　　　　　③

本番の試験会場で配布される
メモ用紙だよ

**解法の手順やポイントを
解説するよ！**

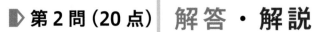

第2問(20点) 解答・解説

解答

〔問1〕

(1)

| ① | 入　　金 | ② | 売　掛　金 | ③ | 120,000 |

(2)

| ① | 出　　金 | ② | 仕　　入 | ③ | 300,000 |

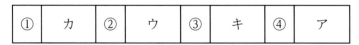 配点　1つ2点×6＝12点

〔問2〕

| ① | カ | ② | ウ | ③ | キ | ④ | ア |

配点　1つ2点×4＝8点

解　説

〔問1〕

3伝票制から一部現金取引についての記入の問題です。一部現金取引は、取引の一部に現金が含まれる取引です。

〈一部現金取引の例〉

（現　　　　金）　×××　（売　　　　上）　×××
（売　掛　金）　×××

（仕　　　　入）　×××　（買　掛　金）　×××
　　　　　　　　　　　　（現　　　　金）　×××

3伝票制では、入金取引と出金取引は入金伝票と出金伝票に記入され、入出金取引以外の取引は振替伝票に記入されます。しかし、一部現金取引の場合、入金伝票または出金伝票と振替伝票にまたがって記入します。
この場合の記入には、

▶ 取引を現金取引と掛け取引に分解して記帳する方法
▶ いったん全額を掛け取引として記帳する方法

の2つがあります。
この見分けは、入金伝票または出金伝票の記入から判断します。

(1) 現金取引と掛け取引に分解して記帳する方法

入金伝票には、次の仕訳が行われています。

（現　　　　金）　60,000　（売　　　　上）　60,000

ここから、取引を現金取引と掛け取引に分解して記帳していると分かります。

解答手順は次のとおりです。

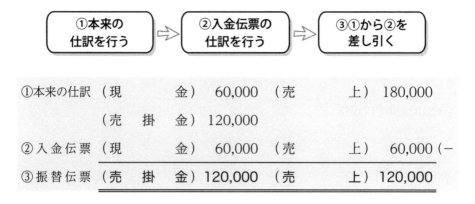

①本来の仕訳	（現 金）	60,000	（売 上）	180,000
	（売 掛 金）	120,000		
②入金伝票	（現 金）	60,000	（売 上）	60,000 （－
③振替伝票	（売 掛 金）	120,000	（売 上）	120,000

現　　　金：¥60,000 － ¥60,000 ＝ 0

売　掛　金：¥120,000

売　　　上：¥180,000 － ¥60,000 ＝ ¥120,000

（2）いったん全額を掛け取引として記帳する方法

出金伝票には、次の仕訳が行われています。

入 金 伝 票 （買 掛 金） 120,000 （現 金） 120,000

ここから、いったん全額を掛け取引として記帳していると分かります。

解答手順は次のとおりです。

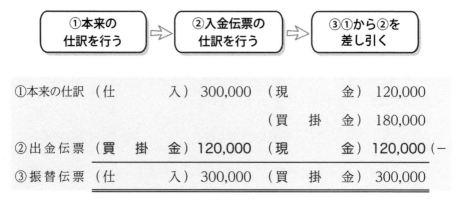

①本来の仕訳	（仕 入）	300,000	（現 金）	120,000
			（買 掛 金）	180,000
②出金伝票	（買 掛 金）	120,000	（現 金）	120,000 （－
③振替伝票	（仕 入）	300,000	（買 掛 金）	300,000

仕　　　　入：¥300,000

現　　　　金：$-¥120,000-(-¥120,000)=-¥120,000+$
　　　　　　　$¥120,000=0$

買　掛　金：$¥180,000-(-¥120,000)=¥180,000+¥120,000$
　　　　　　　$=¥300,000$

〔問2〕解説はなし、解答を参照のこと。

第3回・第3問の下書き

1. （現金過不足）　4,200　（保　険　料）　3,920
　　　　　　　　　　　　　（雑　　　　益）　280

4. （2）

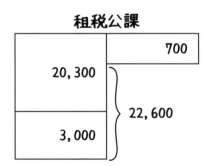

$$※ \frac{20,000}{5年} \times \frac{3}{12} = 1,000$$

5. （租税公課）　3,000　（貯　　　蔵）　3,000
　　　（貯　　　蔵）　700　（租税公課）　700

租税公課

6.

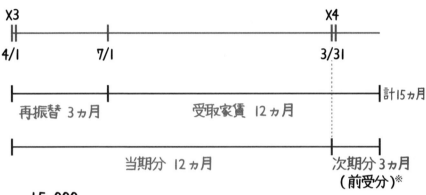

$$※ \frac{15,000}{15ヵ月} × 3ヵ月 = 3,000$$

本番の試験会場で配布される
メモ用紙だよ

**解法の手順やポイントを
解説するよ！**

第3問（35点） 解答・解説

解答

貸借対照表
令和X4年3月31日

現　　金	(98,000)	買　掛　金	(140,000)
受取手形 (95,000)		借　入　金	(196,000)
貸倒引当金 (△ 2,850) (92,150)		未払法人税等	(15,400)
売　掛　金 (105,000)		未払消費税	(19,460)
貸倒引当金 (△ 3,150) (101,850)		[前受] 収益	(3,000)
商　　品	(56,000)	資　本　金	(200,000)
貯　蔵　品	(700)	繰越利益剰余金	(85,590)
建　　物 (350,000)			
減価償却累計額 (△ 77,000) (273,000)			
備　　品 (70,000)			
減価償却累計額 (△ 32,250) (37,750)			
	(659,450)		(659,450)

損益計算書
令和X3年4月1日から令和X4年3月31日まで

売上原価	(392,000)	売　上　高	(600,600)
給　　料	(100,000)	受取家賃	(12,000)
旅費交通費	(15,500)	雑　　益	(280)
保　険　料	(6,580)		
租税公課	(22,600)		
貸倒引当金繰入	(3,900)		
減価償却費	(14,250)		
支払利息	(8,400)		
法人税等	(15,400)		
当期純[利益]	(34,250)		
	(612,880)		(612,880)

配点　□1つにつき4点×5＝20点　┊1つにつき3点×5＝15点　合計35点

222

解　説

● 1．未処理事項の処理

現金過不足の処理

決算日において現金過不足勘定残高￥4,200 の処理を行います。現金過不足が貸方残高である点に注意します。

| （現 金 過 不 足） | 4,200 | （保　　険　　料） | 3,920 |
| | | （雑　　　　　　益） | 280 |

保 険 料（P/L）：￥10,500 － ￥3,920 ＝ ￥6,580
雑　　　益（P/L）：￥280

● 2．決算整理事項の処理

（1）貸倒れの見積り

期末売上債権残高に対して、差額補充法によって、3％の貸倒れを見積ります。

| （貸 倒 引 当 金 繰 入） | 3,900 | （貸 倒 引 当 金） | 3,900 |

受 取 手 形（B/S）：￥95,000 － ￥2,850 ＝ ￥92,150
貸 倒 引 当 金（B/S）：￥95,000 × 3％ ＝ ￥2,850
売　　掛　　金（B/S）：￥105,000 － ￥3,150 ＝ ￥101,850
貸 倒 引 当 金（B/S）：￥105,000 × 3％ ＝ ￥3,150
貸倒引当金繰入（P/L）：（￥2,850 ＋ ￥3,150）－ ￥2,100 ＝ ￥3,900

（2）売上原価の算定

期首商品棚卸高：¥42,000（資料Ⅰ・繰越商品残高から）

期末商品棚卸高：¥56,000（資料Ⅱ・資料3から）

（仕 入）	42,000	（繰 越 商 品）	42,000
（繰 越 商 品）	56,000	（仕 入）	56,000

売上原価（P/L）：¥42,000 ＋ ¥406,000 － ¥56,000 ＝ ¥392,000

商　　品（B/S）：¥56,000（期末商品棚卸高）

仕	入		
期 首 商 品	42,000	売 上 原 価	
当期商品仕入高			? → 392,000
	406,000		
		期 末 商 品	56,000

（3）固定資産の減価償却

① 建　物

定額法によって、減価償却費を計算します。

建物減価償却費：$\dfrac{¥350,000 - 0}{50\,年} = ¥7,000$

（減 価 償 却 費）	7,000	（減価償却累計額）	7,000

② 備　品

当期に取得した備品（新備品）と、従来から所有する備品を分けて考えます。

【旧備品】

備品減価償却費：$\dfrac{¥70,000 - ¥20,000}{8\,年} = ¥6,250$

【新備品】

備品減価償却費：$\dfrac{¥20,000}{5\,年} \times \dfrac{3}{12} = ¥1,000$

（ 減 価 償 却 費 ）　　7,250　　（ 減価償却累計額 ）　　7,250

　※ ¥6,250 ＋ ¥1,000 ＝ ¥7,250

【新備品の経過期間について】

新備品の取得から決算までの経過期間は 3 ヵ月です（月割計算）。なお、取得日は 1 月 10 日ですが、日割り計算を行わないため、1 ヵ月としてカウントします。

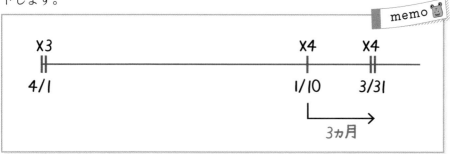

減 価 償 却 費 （P/L）： ¥7,000 ＋ ¥7,250 ＝ ¥14,250
建物減価償却累計額 （B/S）： ¥70,000 ＋ ¥7,000 ＝ ¥77,000
備品減価償却累計額 （B/S）： ¥25,000 ＋ ¥7,250 ＝ ¥32,250
建　　　　　物 （B/S）： ¥350,000 － ¥77,000 ＝ ¥273,000
備　　　　　品 （B/S）： ¥70,000 － ¥32,250 ＝ ¥37,750

(4) 費用の前払い

① 前期末未使用分の再振替記入

当期首において再振替記入が行われていないため、当期末に処理を行います。

（租税公課）　3,000　（貯　蔵　品）　3,000

② 当期未使用分の計上

収入印紙の未使用分￥700を当期の租税公課勘定からマイナスし、貯蔵品勘定に振り替えることで次期に繰り越します。

（貯　蔵　品）　700　（租　税　公　課）　700

貯　蔵　品（B/S）：￥700

租 税 公 課（P/L）：￥20,300＋￥3,000－￥700＝￥22,600

(5) 収益の繰延べ

「毎年7月1日に12ヵ月分の家賃を前受けしている」とあるため、試算表の受取家賃￥15,000は、15ヵ月分であることに注意します。

① 期首再振替記入

前年度末の決算整理仕訳の貸借逆の仕訳を再振替記入として行います。

（前 受 家 賃）　3ヵ月分　（受 取 家 賃）　3ヵ月分

この段階で金額は不明のため、「3ヵ月分」とします。

② 令和X3年7月1日

7月1日に家賃12ヵ月分を一括して受け取ったときの仕訳です。

（現　金　等）　12ヵ月分　（受 取 家 賃）　12ヵ月分

この段階で金額は不明のため、「12ヵ月分」とします。

①と②から、受取家賃勘定の貸方には、**15ヵ月分**が計上されていると分かります。

③令和X4年3月31日

次期分の家賃を繰り延べます。

（受 取 家 賃） 3ヵ月分 （前 受 家 賃） 3ヵ月分

家 賃 月 額：¥15,000 ÷ 15ヵ月＝¥1,000/ 月
前 受 収 益(B/S)：¥1,000/ 月 × 3ヵ月＝¥3,000
受 取 家 賃(P/L)：¥15,000 − ¥3,000 ＝¥12,000

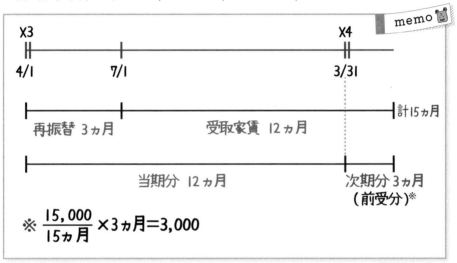

（6）消費税の処理

仮払消費税勘定と仮受消費税勘定を相殺し、消費税の納付額を未払消費税勘定（負債）に計上します。

（仮 受 消 費 税） 60,060 （仮 払 消 費 税） 40,600
　　　　　　　　　　　　　　　（未 払 消 費 税） 19,460

未払法人税等(B/S)：¥60,060 − ¥40,600 ＝¥19,460

（7）法人税、住民税及び事業税の計上

当期純利益が確定したため、当期の法人税等を計上します。

（法 人 税 等）　15,400　（未 払 法 人 税 等）　15,400

未払法人税等(B/S)：¥15,400
法 人 税 等(P/L)：¥15,400（問題資料から）

❷ 3. 貸借対照表・損益計算書の完成

《解答手順》

❶ 修正仕訳の結果を、加算・減算して答案用紙に書き写す

❷ 修正のない項目はそのまま答案用紙に書き写す

❸ 損益計算書の当期純利益を計算する

　当期純利益（P/L）：¥612,880（収益合計）－¥578,630(費用合計)
　　　　　　　　　＝¥34,250

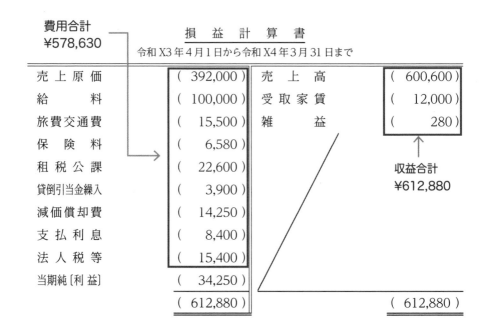

費用合計
¥578,630

損 益 計 算 書
令和X3年4月1日から令和X4年3月31日まで

売 上 原 価	(392,000)	売　上　高	(600,600)
給　　料	(100,000)	受 取 家 賃	(12,000)
旅 費 交 通 費	(15,500)	雑　　益	(280)
保　険　料	(6,580)		
租 税 公 課	(22,600)		
貸倒引当金繰入	(3,900)		
減 価 償 却 費	(14,250)		
支 払 利 息	(8,400)		
法 人 税 等	(15,400)		
当期純[利益]	(34,250)		
	(612,880)		(612,880)

収益合計
¥612,880

❹ 貸借対照表の繰越利益剰余金を求める

繰越利益剰余金（B/S）：￥51,340 ＋ ￥34,250 ＝ ￥85,590

あとがき

私は職業訓練校の現役の講師です。

また以前は資格教育系の出版社にも勤務していました。

当時の出版界では動画による解説をつけるのは、邪道という受け止め方をされていました。

「本自体に力がないのだ」

「内容が薄いので、特典のように見せているのだ」

などと捉えられていました。

一方で、3年前に刊行した自著に動画の解説や仕訳問題集アプリなどを提供したところ、私のHPには月間40,000PVを超える読者からのアクセスがあります。

思うに、動画で解説した方がよほどわかりやすいという面があるからだと思われます。

繰り返しますが、私は講師です。

出版物でわかりやすく説明することも、講義をすることもできます。

もちろん、本書でも動画による解説やアプリなどを利用できるようにしていますので、フルにご活用いただき、合格を勝ち取ってください。

山田裕基

本書の特典のご案内

● Web 動画解説や模試ダウンロード

本書の解説動画や模試（1回分）をダウンロードできます。

● スマホで出来る仕訳問題集 Web アプリ

特典をご利用・入手するには、以下の URL の「特典」コーナーにアクセスして
ください。インプレスの特典コーナーから著者のホームページ等にアクセスし
て入手・または利用する方式となります。

（インプレス書籍サイト）

URL：https://book.impress.co.jp/books/1123101135

※特典のご利用には、無料の読者会員システム「CLUB Impress」への登録が必要と
なります。

※本特典のご利用は、書籍をご購入いただいた方に限ります（なお、特典入手時に
お手元に本書をお持ちでない場合は、利用できませんのでご注意ください）。

※本特典の提供予定期間は、いずれも本書発売より3年間となります。

STAFF

編　　集	大西強司（とりい書房有限会社）
	片元　諭　瀧坂　亮
編集協力	佐藤実穂
制　　作	K デザイン
イラスト	井出敬子
校　　正	詩　起
編集長	玉巻秀雄

■商品に関する問い合わせ先

このたびは弊社商品をご購入いただきありがとうございます。本書の内容などに関するお問い
合わせは、下記のURLまたは二次元バーコードにある問い合わせフォームからお送りください。

https://book.impress.co.jp/info/

上記フォームがご利用いただけない場合のメールでの問い合わせ先
info@impress.co.jp

※お問い合わせの際は、書名、ISBN、お名前、お電話番号、メールアドレス に加えて、「該当する
ページ」と「具体的なご質問内容」「お使いの動作環境」を必ずご明記ください。なお、本書の範囲
を超えるご質問にはお答えできないのでご了承ください。

● 電話やFAXでのご質問には対応しておりません。また、封書でのお問い合わせは回答までに日数をいた
だく場合があります。あらかじめご了承ください。
● インプレスブックスの本書情報ページ https://book.impress.co.jp/books/1123101135 では、本書の
サポート情報や正誤表・訂正情報などを提供しています。あわせてご確認ください。
● 本書の奥付に記載されている初版発行日から3年が経過した場合、もしくは本書で紹介している製品や
サービスについて提供会社によるサポートが終了した場合はご質問にお答えできない場合があります。

■落丁・乱丁本などの問い合わせ先
FAX　03-6837-5023
service@impress.co.jp
※古書店で購入された商品はお取り替えできません。

1週間で日商簿記3級の合格力が 急上昇する模擬問題集

2024年 3月11日 初版発行

著　者　山田裕基
発行人　高橋隆志
発行所　株式会社インプレス
　　　　〒101-0051　東京都千代田区神田神保町一丁目105番地
　　　　ホームページ　https://book.impress.co.jp/

印刷所　日経印刷株式会社

ISBN978-4-295-01876-6　C2034

Printed in Japan